SAINT-LOUP
DIE GEISTERSCHIFFE HITLERS

SAINT-LOUP

DIE GEISTER-SCHIFFE HITLERS

Segler im Dienste der Abwehr

VERLAG
DELIUS KLASING+CO
BIELEFELD

Titel der französischen Originalausgabe
LES VOILIERS FANTÔMES D'HITLER
© Presses de la Cité 1973

Deutsche Übersetzung: Ulrich Mohr
ISBN 3-7688-0201-9

Die Rechte für die deutsche Ausgabe liegen beim Verlag Delius Klasing + Co Bielefeld
Printed in Germany 1975
Druck: F. L. Wagener, Lemgo
Umschlag: Siegfried Berning

INHALT

9	I. SOIZIC 1940
31	II. ANNI BRAZ BIHEM 1940
67	III. KYLOE 1941
131	IV. PASSIM 1942-1944

EINLEITUNG

*Die gute Brise folgt freundlich unserm Boot,
wir fliegen dahin und sind glücklich,
wenn wir sehn, wie sich stolz das Segel bläht.*

Ki No Tsurayuki

Daß mit den Fahrten der Geisterschiffe Hitlers in den Jahren von 1940 bis 1944 kriegerische Zwecke verbunden waren, ist verständlich. Aber nicht sie waren für eine Handvoll Sportsegler der Grund, sich der Abwehr als Skipper und Besatzung zur Verfügung zu stellen. Weder eine besondere patriotische Gesinnung noch blinder nationalsozialistischer Eifer ließen sie Geheimagenten an die Küsten Irlands, Südafrikas, Brasiliens und Argentiniens bringen – dieses Glücksgefühl unter stolz sich blähenden Segeln war es, daß sie ihre Aufgabe übernehmen ließ. Denn sie waren alle von Jugend an begeisterte Segler und froh, auch in diesen Kriegszeiten ein Segelboot unter den Füßen zu haben, statt mit der Waffe in der Hand an einer der Fronten an Land kämpfen zu müssen.

Große und für den damaligen Gegner ganz unglaubliche Leistungen vollbrachten diese Segler. Nicht immer folgte die Brise freundlich ihren Booten; auf monatelangen Reisen wehte sie auch gegenan, wuchs zu Stürmen und erstarb zu unerwünschten Flauten. Manches Mal mußten ihre Boote die Weite der See mit feindlichen Schiffen teilen, mußten sich listenreich tarnen, um unerkannt zu entkommen, wenn der Gegner schon auf Rufweite herangefahren war. Und noch eines galt es zu meistern: Die Geisterschiffe waren, an damaligen Maßstäben gemessen, für ihre weiten Reisen klein, sehr klein, und zudem bis in die letzten Winkel vollgestopft mit Lebensmitteln, Trinkwasser und Treibstoff und mit der Ausrüstung der jeweiligen Agenten. Es blieb nur wenig Lebensraum für die Besatzung und ihre „Passagiere". Psychische Probleme und menschliche Belastungen entstanden daraus, die nicht immer einfach zu bewältigen waren.

Nicht alle diese Unternehmen der Abwehr waren erfolgreich. Aber alle Geisterschiffe erreichten ihr Ziel, keines ging im Sturm verloren, keines wurde vom Gegner aufgebracht. In der echten Bescheidenheit derer, die das Meer kennen, haben die Beteiligten, darunter damals und zum Teil auch heute noch bekannte Namen, bis jetzt geschwiegen. Diese spannende Reportage des Franzosen Saint-Loup bringt ihre Fahrten in die Öffentlichkeit, die auf menschlicher Größe, überragendem seemännischem und seglerischem Können und einer unbändigen Liebe zum Segeln beruhten und durchaus das Recht haben, sich mit den großen seglerischen Leistungen der letzten Jahrzehnte zu messen. *Der Verlag*

I.

SOIZIC 1940

Am 19. Juni 1940 ist strahlendes Wetter, als die deutschen Panzerdivisionen in Brest eintreffen. Aber die Sonne dringt kaum zu den Häuserfassaden mit ihren fest verschlossenen Fenstern durch. Seit 24 Stunden brennen die Treibstofflager der Marine. Eine dicke fettige Wolke schwarzen Qualms hat sich über die Stadt gelegt. Manchmal schillert sie wie eine Öllache, die sich auf der Reede ausgebreitet hat. Die Stadt scheint wie gelähmt zu sein. Seit die Franzosen das Herzogtum besiegten, stand nie eine fremde Truppe auf dem Boden der Bretagne. Die Engländer kamen als Alliierte, aber sie kehrten auf ihre Insel der Angeln und Sachsen zurück. Die Fischer von der Insel Sein folgten ihnen. Diese einfachen und geradlinigen Männer hatten einer sich überschlagenden Propaganda Glauben geschenkt. Sie sahen sich bereits als versklavte und verstümmelte Opfer der Hitlerbarbaren. Der überwiegende Teil der Bevölkerung war ihnen nicht gefolgt. Er hätte die Freiheit des Meeres wählen können, aber er tat es nicht. Er zog es vor, an Land zu bleiben. Die bretonischen Seeleute sind Abkömmlinge von Bauern. Sie betrachteten gleichgültig das Schauspiel, das ihnen die deutsche Armee bot.
Das Straßenbild von Brest wechselt jetzt seine Farbe. Die deutschen Einheiten haben wie eine heranbrandende Welle die blauen Matrosenkragen und die Mützen mit ihren roten Pompons zugedeckt, die noch vor drei Tagen das Stadtbild beherrschten. Nichts ist geblieben als die graugrüne Flut der siegreichen deutschen Armee.
Die Soldaten in Feldgrau strafen in ihrem Verhalten ganz offensichtlich alles Lügen, was die französische Propaganda seit zwei Jahren behauptet hat. Sie sehen kräftig und munter aus und sind nicht von Haß beseelt, ganz im Gegenteil, sie sind eigentlich gutmütig.
Um 17.00 Uhr haben motorisierte Einheiten am Ufer Stellung bezogen. Die Soldaten bemächtigen sich der Gewehre, die sie im Hauptquartier gefunden haben, und zerschlagen sie unter lautem Gelächter an der großen Kanone aus Bronze, die als Siegestrophäe vor dem Tor steht. Von Stunde zu Stunde, von Tag zu Tag werden es mehr.
Kaum sind die Soldaten zur Ruhe gekommen, kaum haben sie ihren ersten Urlaub, stürzen sie sich auf die Strände. Sie schwimmen, schmoren in der Sonne und rudern. Alle kleinen Boote sind in Be-

wegung, nicht nur hier in Brest, sondern in allen eroberten Häfen der Atlantikküste. Nach der Rückkehr zu den Liegeplätzen machen sie die Boote mit gewohnter Disziplin und deutscher Gründlichkeit fest. Leider kennt sich ein tapferer Infanterist, ein Panzerkommandant, der Flugzeugführer einer Me 109 nicht mit den Gezeiten an dieser Küste aus. Alle machen die Boote viel zu kurz fest, niemand denkt daran, daß gerade Hochwasser ist. Ein paar Stunden später hängen alle Boote wie erlegte Hasen in der Luft! Auf den Lippen der bretonischen Seeleute macht sich ein ungeheures Grinsen breit. Es pflanzt sich von der Landzunge bei Portzic bis zum Cap des Espagnols fort. Das Meer hat diese Eroberer von ihrem Podest heruntergeholt. Von nun an ähnelt jeder von ihnen mehr einem Touristen von gestern als einem Dschingis-Khan. Wie sollte ein Bretone je wieder eine solche Landratte ernst nehmen können, die nicht einmal fähig ist, ein Boot richtig festzumachen!
Noch aber haben die Deutschen nicht das letzte Wort gesprochen. Der deutsche Admiral Arnauld de la Perrière, einer der Helden des U-Boot-Krieges von 1914, ist im Gefolge der Panzer nach Brest gekommen. Er richtet sich ein, schickt die französischen Admiräle Traub und Brohan in die Gefangenschaft und holt sich Offiziere der französischen Marine, mit denen er eine Kollaboration versucht.
Sie hätte sogar funktioniert, und zwar sofort, wenn die Deutschen es verständen, fremden Völkern mit etwas weniger Mißtrauen und etwas mehr Einfühlungsvermögen gegenüberzutreten. Die französische Marine hat in der Tat einen Erbfeind, aber das ist nicht Deutschland, sondern England. Die meisten Artillerieoffiziere unserer Schlachtschiffe hätten viel lieber das Feuer auf die HOOD als auf die SCHARNHORST eröffnet, vor allem nach dem, was man im „wirklichen" Frankreich den Verrat von Dünkirchen nennt. Ihm wird das Blutbad von Mers-el-Kebir folgen. Diese geistige Haltung ermöglicht es dem Admiral Arnaud de la Perrière, mit einem großen Teil der französischen unbesiegten Marinestreitkräfte zu einer Art von Gleichschaltung zu kommen.

*

Der erste deutsche Zivilist, der nach Brest kommt, heißt Christian Nissen. Er arbeitet auf einer Werft. Aber er ist auch ein berühmter Sportsegler. Er gehört mehreren großen Yachtclubs an, darunter

dem Royal Ocean Racing Club, der in ihm den Steuermann der Schlimbachschen Atlantiküberquerungen ehren wollte.
Im September 1939 war sein Mobilmachungskommando bei dem Regiment 800 der leichten Pioniere, aber er wurde nicht einberufen. Er setzte seine Tätigkeit friedlich fort und unternahm kleine Segeltörns in der Ostsee, um fit und gebräunt zu bleiben. Als ihn am 22. Juni 1940 ein Polizist aufsucht, ist er in allerbester Form, mit einem Gesicht, das der Seewind gegerbt hat. Sein blondes Haar ist schon ein wenig gelichtet, seine klaren blauen Augen werden überschattet von mächtigen Brauen. Die Falten dazwischen verraten die Gewohnheit, angestrengt in die Ferne zu blicken und auf langen Nachtwachen die Dunkelheit zu durchdringen. Aber es ist nicht etwa das Heer, das ihn ruft, sondern die Kriegsmarine. Er ist nicht besonders überrascht, verabschiedet sich und verläßt sein Haus. Er findet sich alsbald in einem Schlafwagenabteil auf dem Wege nach Westen. Er passiert Köln und erreicht Brüssel. Am Südbahnhof erwartet ihn ein Stabswagen; auf dem schnellsten Wege geht es weiter nach Brest. Im Hotel Continental ist unter einem Decknamen für ihn ein Zimmer reserviert. Von nun an heißt er Hein Mück. Zwei Tage später läßt ihn der Chef des Stabes kommen und sagt:
„Sie sind ein erfahrener Hochseesegler. Könnten Sie in einem der französischen Häfen ein kleines Segelboot ausfindig machen, mit dem Sie in geheimer Mission drei Leute nach Irland bringen könnten?"
Christian Nissen überläuft ein leichter Schauer. Er antwortet ohne zu überlegen: „Selbstverständlich."
„Wieviel Zeit brauchen Sie, um das Boot aufzutreiben und seeklar zu machen?"
„Eine Woche ... höchstens zehn Tage ..."
„In Ordnung. Ich werde Abwehr I, zweite Abteilung informieren, daß sie ihre Leute zur Einschiffung am 10. Juli bereithalten – sind Sie damit einverstanden?"
„Jawohl, Herr Kapitän."
„Ich wünsche Ihnen guten Erfolg."
Christian Nissen, nunmehr Hein Mück, ist glücklich. Das weite Meer, das ihm dank englischer Seeherrschaft auf Kriegsdauer versperrt zu sein schien, ruft ihn wieder. Das Mitglied des Royal Ocean Racing Club Nissen tritt erneut in dem berühmten Fastnet-Rennen,

das letztmalig im August 1938 abgehalten wurde, gegen England an, denn er muß seine Agenten in einer Bucht absetzen, die nicht allzu weit entfernt von dem Felsen liegt, von dem die Hochseeregatta ihren Namen erhalten hat. Er verschwendet kaum einen Gedanken an die Gefahren, die mit seiner Mission verbunden sind. Diesmal tritt er den britischen Seeleuten nicht in sportlichem Wettstreit gegenüber, wie gestern noch, sondern als Gegner im geheimen Agentenkrieg, in dem England stets ein Meister war und den es stets auch mit erbarmungsloser Härte geführt hat. Er wird sich zweifach durchsetzen müssen – dem Meer gegenüber und gegen seinen großen Lehrmeister. Er hält sich auch keineswegs bei dem Gedanken an die Hanfschnur auf, die am Ende der Rahen der Schiffe Ihrer britischen Majestät gut gefettet auf den Hals der Piraten, Spione und Saboteure wartet. Er selbst gehört jetzt in die Kategorie dieser Todeskandidaten. Für ihn ist nur eines wichtig, die Aussicht auf das Meer, seine zweite Heimat.

*

Christian Nissen alias Hein Mück besucht zunächst einmal die Häfen der Bretagne. Er überstürzt nichts. Er braucht ein Segelboot, das so schnell ist, daß man mit ihm den Fastnet-Felsen und die Baltimore-Bucht in halbwegs vernünftiger Zeit erreicht, aber keine Yacht, die durch ihre Form und Takelage in diesen für die Sportschiffahrt gesperrten Zonen sofort auffallen würde. In Brest, Douarnez, Audierne findet sich nichts Passendes. Er sucht weiter auf der Crozon-Halbinsel.

Dieser Deutsche mit seinem romantischen Gemüt verfällt von Tag zu Tag mehr dem Zauber des äußersten Westens. Sonst steigt er nie an Land, ohne sich sogleich auf das Meer zurückzusehen. In der Bretagne entdeckt er, daß Land und Meer in vollkommener Harmonie miteinander sind. Die Straße, der er folgt, erklimmt bewaldete Hügel und senkt sich hinab zu den Stränden, gleichsam in einer Bewegung, die der Dünung gleicht. Er scheint sich auf der Brücke eines riesigen Schiffes zu befinden, auf dem Wege nach Amerika und unendlich weit von diesem merkwürdigen Deutschland, das bekalmt mitten im Kontinent liegt und nie den Wind der Geschichte spüren wird, der es vorantreibt.

Nissen-Mück besucht überall die Hafenkneipen. Er versteht ein wenig Französisch, aber er spricht es nicht. Seit er in Brest ist, studiert er eifrig in einem bretonischen Wörterbuch. Er trinkt harte Sachen, wobei er den Lambic schätzt, wenn auch nur in Ermangelung von Kognak. Er sucht die Gesellschaft der alten Seeleute, gibt für sie Apfelweinrunden aus und verabschiedet sich mit lautem Kernavo ... Er liebt die Kelten, seine Brüder im Stammbaum der germanischen Völker, die im Laufe der Jahrhunderte immer weiter nach Westen gedrängt wurden und nun in der Bretagne mit dem Rücken zum Meer eine letzte Zuflucht gefunden haben. Sie scheinen durchaus bereit zu sein, ein feindliches Europa zu verlassen, das keine Druiden mehr braucht und keine Barden.

Camaret bezaubert ihn mit seinem Innenhafen, den Hügel umgeben, auf denen Häuser kleben mit weißen Wänden und Dachpfannen, die blau sind wie der Schnabel eines Raben. Er wandert an den Kais entlang und sieht sich den von Vauban erbauten Turm an. Damals war dies eine Festung, die Landungsunternehmen wirksam verhindern konnte, aber heute schien das Bauwerk mehr in die holländische Spielzeugstadt Madurodan zu gehören. Da fährt er plötzlich zusammen ... Warum glich diese Yacht einem Thunfischfänger? Christian Nissen sieht sich SOIZIC genau an. Das Boot ist als Yacht gerigt und wird um die 30 Tonnen verdrängen. Es kann ohne weiteres als Thunfischfänger auf großer Fahrt durchgehen. Es ist als Ketsch getakelt mit einem Toppsegel, einer Fock mit langen Lieken und einem Klüverbaum, an dem ein Klüver angeschlagen ist. Die Masten sind kräftig, die Wanten mit modernen Wantenspannern steif gesetzt. Piek- und Klaufall sind teilweise Ketten und werden durchgeholt mit Hilfe dreipartiger Taljen aus geteertem Hanf. An Deck fehlt keines der Attribute eines Fischereifahrzeuges, weder der starke Poller noch das Spill mit Spaken.

Ein hünenhafter Seemann mit struppigem Haar spult gerade das Deck ab. Es ist Rémy Marzin, ein Sohn dieses Landes. Er war dabei, als vor ein paar Jahren SOIZIC in einer örtlichen Werft gebaut wurde. Er kümmert sich im Auftrage des Eigners, eines französischen Diplomaten, der einen Posten bei der Botschaft in Bern hat, um das Boot. Hein Mück-Nissen bittet ihn überaus höflich, das Boot ansehen zu dürfen. Der Deutsche trägt Zivilkleidung, aber sein Akzent verrät sofort, daß er zu den Besatzungstruppen gehört.

Der Bootsmann ist in Kürze wieder da, gefolgt von einer jungen,

eleganten und reizvollen Frau, die seine Bitte nicht gut abschlagen kann. Sie gehört zu den Bekannten des Eigners und hat nach dem Zusammenbruch Frankreichs auf der Soizic Zuflucht gesucht. Wie Hein Mück schon wußte, ist das Boot als Yacht ausgerüstet und nicht für die Hochseefischerei. Es hat weder eine Eiskammer noch eine stinkende Fischbünn. Statt des winzigen Logis unter der Back gibt es einen geräumigen Salon mit bunten Seidenkissen und eine Kabine, die mit Mahagoni getäfelt ist. Die Bar ist gefüllt, die Kombüse schmücken wertvolle Kacheln. Nichts fehlt, was eine Luxusyacht einem begüterten Eigner nicht bieten könnte. Christian Nissen ist begeistert. Er verläßt das Boot mit der Absicht, es durch die Behörden in Brest beschlagnahmen zu lassen und Rémy Marzin aufzufordern, es in den dortigen Hafen zu bringen.
Zwei Tage später wird das Boot aufgeslippt, damit der Rumpf untersucht werden kann. Nissen wird dabei von einem Marineingenieur und einem französischen Ingenieur des Marinearsenals unterstützt. Alles ist in erstklassigem Zustand, sauber und glatt. Mit einer Ausnahme: auf der Propellerwelle fehlt die Schraube. Nur der Bootsmann, der für das Boot verantwortlich war, könnte eine Erklärung geben und helfen, das fehlende Stück zu finden. Unglücklicherweise hat er sich ausgeschifft und ist spurlos verschwunden.
Nissen-Mück macht sich erneut auf den Weg nach Camaret, begleitet von den beiden Ingenieuren. Sie finden Marzin, der ganz einfach nach Hause gefahren ist.
„Was ist mit der Schraube der Soizic?"
„Auf See verloren."
Kein wahres Wort. Soizic hatte im Sommer 1939 eine Grundberührung und sich dabei den Schaft verbogen. Es wurde ein neuer Schaft aus Bronze eingebaut. Da der Kriegsausbruch weitere Arbeiten auf der Werft unmöglich gemacht hatte, war die Schraube selbst nie angebracht worden. Marzin hatte sie zu Hause. Als nun das geliebte Boot, das er beinahe als sein eigenes ansah, beschlagnahmt wurde, war der Bootsmann so aufgebracht, daß er die Schraube in seinem Garten vergrub. Soizic würde für die Besetzer keine Schraube tragen!
Auf See verloren!
Als starrköpfiger Bretone ging er von dieser Behauptung nie mehr

ab. Der deutsche Ingenieur betrachtete ihn mißtrauisch und sagte seinem französischen Kollegen, damit dieser für ihn übersetze: „Eine Schraube, die einmal auf eine Bronzewelle montiert ist, geht nie verloren."
Marzin hätte sie im Handumdrehen herbeischaffen und wahrscheinlich noch Geld verdienen können, wenn er behauptet hätte, sie käme von einem Boot, das er ausgeschlachtet habe, aber nichts, nicht einmal eine Million Francs hätten ihn dazu gebracht. Sollten doch die Deutschen eine andere suchen und ihn am Arm lecken ... Als Abwehrmann hätte Hein Mück diesen Bretonen, dessen mangelnder guter Wille so klar zutage lag, wahrscheinlich zum Sprechen zwingen können, aber Christian Nissen, dem Segler, war es zuwider, Zwang anzuwenden. Er gab die Partie auf. Hätte er gewußt, daß das Fehlen der Schraube zum Scheitern seiner Mission führen würde, hätte er mehr Nachdruck ausgeübt. Marzin, der Widerstandskämpfer zu einer Zeit, als Widerstand noch nicht modern war, behauptete das Feld und blickte seinen Besuchern höhnisch nach.
Nissen-Mück, der neue Skipper der Soizic, sucht in Brest nach einer neuen Schraube. Weder im Arsenal noch in den Werften hat diese Suche Erfolg. Die gefundenen Propeller passen nicht. Es müßte eine neue Schraube gegossen werden, aber dazu fehlt die Zeit. Der Kommandant meldet sich beim Chef des Stabes und bittet um Aufschub der Mission.
„Unmöglich", lautet die Antwort. Die Abwehr würde die Geheimhaltung nie wegen einer Schraube aufs Spiel setzen. „Sie können doch segeln. Hatten Sie einen Motor, als Sie den Atlantik überquerten?"
„Nein. Aber die Verhältnisse waren auch andere. Ich könnte auf die Maschine angewiesen sein, wenn ich in einer gefährlichen Zone bekalmt werde."
„Sie werden sich schon aus der Affäre ziehen. Ich habe Vertrauen zu Ihnen. Ihre Passagiere werden sich am 11. Juli um 19.00 Uhr einschiffen, und Sie werden noch vor Mitternacht auslaufen!"
Die Würfel sind gefallen. Der Chef des Stabes läßt noch eine Bemerkung folgen: „Denken Sie daran, daß Ihr EK am Strand der Baltimore-Bucht auf Sie wartet!"
Christian Nissen lächelt. Aber er denkt auch an den Henkersknoten der Engländer ...

Um 19.00 Uhr am 11. Juli stoppt eine große Limousine am Kai. Drei Männer steigen aus. Der Fahrer öffnet den Kofferraum und händigt ihnen bleibeschwerte Säcke aus: Funkgerät und Sprengstoffpakete. Es ist noch hell. Die Agenten beeilen sich, an Bord zu kommen. Sie melden sich beim Kommandanten.
„Karl!"
„Friedrich!"
„Jörg!"*
Christian Nissen will gar nicht mehr wissen. Er läßt das Gepäck nahe beim Niedergang verstauen, damit es in kürzester Zeit über Bord geworfen werden kann, wenn ein allzu neugieriger Engländer auftauchen sollte.

*

Karl, Friedrich und Jörg sind die Bauern, die die Abwehr auf das irische Schachbrett setzen will. Trotz der Fehlschläge, die Deutschland während des Ersten Weltkriegs mit Roger Casement erlebt hat, führt man die gleiche Politik fort. Man will England rücklings angreifen, zunächst mit diplomatischen Mitteln, dann militärisch, wobei die irische Unabhängigkeitsbewegung eingespannt werden soll. Was zwischen 1914 und 1918 in einem unterjochten Irland nicht gelang, könnte 1940 in einem Lande gelingen, das zwar seit 1922 größtenteils befreit ist, aber immer noch durch Ulster an England gekettet ist. Deutschlands Außenminister Ribbentrop glaubt daran und täuscht sich, so wie er sich im September 1939 über die Haltung Englands getäuscht hat. Aber de Valera hat seine Erfahrungen während des patriotischen Widerstandes der Jahre 1916 bis 1922 und dann während des Bürgerkrieges gesammelt. Er will nur eines: sein Land aus dem Krieg heraushalten, indem er sich einer Neutralität befleißigt, die den zukünftigen Sieger diskret begünstigt. Irland verabscheut England, aber es liebt Deutschland nicht, wobei man gern vergißt, daß seine Söhne zwar Gälisch sprechen können, aber Englisch meist vorziehen, und wenn sie auch nicht in der englischen Marine oder Armee kämpfen, so verdienen sie doch ganz gern in den Waffenfabriken von Birmingham und Coventry. Die Unterjochung erzeugt mehr Bande als die Freiheit. Haß bringt

---

* Sie hießen in Wirklichkeit Tributh, Gaertner und Obed.

Menschen enger zusammen als Gleichgültigkeit. Irland ist ebenso insular wie England und bleibt im Schlepptau der größeren Insel. Die irische Anarchie hat vor der britischen Organisation kein Gewicht. De Valera weiß sehr gut, daß London sein Schicksal innerhalb von 24 Stunden besiegeln würde, wenn er den Versuch machte, sich an Deutschland anzulehnen. Dazu kommt auch, daß die Iren ahnen, daß Hitler einen neuen Menschen formen will, der himmelweit verschieden ist vom christlichen Ideal. Als ergebener Katholik lehnt er eine solche Wandlung energisch ab und steht dem Nationalsozialismus feindlich gegenüber. Ribbentrop ist wie alle Deutschen unfähig, sich in die Gedanken anderer Völker einzufühlen. Er argumentiert in einfältiger Logik: Da Irland ein Feind Englands ist, muß es sich zwangsläufig alsbald an der Seite des Dritten Reiches finden.

Er verfügt bereits über wichtige Kollaborateure. Sean Russel, der Stabschef der I.R.A., ist aus Amerika nach Berlin gekommen und bereitet mit Kurt Haller, Chef der Abwehr II, 1. Abteilung, seine Rückkehr nach Irland vor. Frank Ryan, Führer des republikanischen Kongresses und General der Brigade Lincoln Washington während des spanischen Bürgerkrieges, ist dank deutscher Hilfe aus den Gefängnissen Francos herausgekommen und stößt am 15. Juli dazu. Eine „Operation Taube" ist in Vorbereitung. Die Agenten auf der Soizic haben den Auftrag, im anarchistischen Irland Verbindungen anzuknüpfen und über Ulster Sabotageunternehmen gegen England durchzuführen. Dies erklärt auch die Art ihrer Fracht: Funksender und Sprengstoff.

Zunächst einmal sitzen die Agenten im luxuriösen Salon der Soizic mit dem Kommandanten zusammen und essen. Eine Flasche Champagner liegt auf Eis. Mück-Nissen ist bestrebt, ein kameradschaftliches Verhältnis zu schaffen, aber jede Art von Politik herauszuhalten. Er weiß sehr gut, wie schwer es ist, unter der Besatzung eines kleinen Bootes Harmonie zu bewahren, wenn man beim Auslaufen noch keinerlei Ahnung von den Charaktereigenschaften hat. Die Landratten, die er an Bord genommen hat, sind offensichtlich an das Leben auf See nicht gewöhnt. Der ängstliche Ausdruck auf ihren Gesichtern spricht Bände. Und doch kann es sehr wohl sein, daß er sie heranholen muß, wenn unvorhergesehene Schwierigkeiten auftreten. Schließlich hat er nur einen einzigen richtigen See-

mann an Bord, einen etwa fünfzigjährigen Freund der Flasche, den er beim Aufgebot des Landsturms in Brest gefunden hat. Seinen Namen hat er bereits vergessen. Er ruft ihn:
„Frenchie ... ouvrir ... bouteille champagne!"
Eine Yacht von der Größe der Soizic mit nur einem Matrosen manövrieren zu wollen ist mehr als anmaßend. Zu zweit ist es unmöglich, in den kurzen Pausen eines Wetterwechsels alles Tuch festzumachen oder zu bergen. Soll man bei stetigem Wind alles setzen oder aber unter einer kleinen Fock und einem Groß mit drei Reffs dahinschleichen? Wie ist diese fehlende Vorsorge bei einer Unternehmung zu erklären, bei der doch alles überdimensioniert sein müßte? Es gibt zwei Theorien. Entweder hat Hein Mück als Abwehrmann befehlsgemäß auf weitere Besatzung verzichtet. Die Seeleute reden nach ihrer Rückkehr gern und viel; man kann sie nicht gut einfach verschwinden lassen wie in früheren Zeiten oder im Kriminalroman. Oder wollte Christian Nissen bewußt das Handikap auf sich nehmen, um seine Kräfte an dem Ozean zu messen, den er nun erstmals wieder befahren wird? Man weiß nichts darüber. Der Soizic-Kommandant hat sich nie dazu geäußert.

*

Ablegen! Es ist 23.00 Uhr. Ein Motorboot nimmt Soizic auf den Haken, um sie die ersten Meilen zu schleppen. Die Nacht ist stockdunkel. Klebrige Schatten liegen wie Öl auf der Reede. Alle Formen sind verwischt, die Stimmen erstickt. Die militärischen Anlagen des Hafens brennen immer noch, die Reflexe der Flammen bilden hier und da blutrote Kringel. Die Umstände für ein heimliches Entweichen sind ideal. Eine weiße Ketsch lag vor kurzem noch am Kai. Jetzt ist sie verschwunden. Dies ist nichts Besonderes und doch von außerordentlicher Bedeutung. England hat nichts übrig für die Geisterschiffe unter Segeln, aber der Intelligence Service hat in dem Durcheinander nach dem Zusammenbruch auf dem Kontinent die Übersicht verloren.
Am Ende der Einfahrt empfängt eine lange, gutmütige Dünung Soizic. Der Magen der Agenten meldet sich mit ersten Beschwerden ... Dann wird es Tag, und der Nordwest setzt sich durch. Der Schlepper wirft querab vom Leuchtturm Pierres Noires los. Chri-

stian Nissen und Frenchie setzen die Segel, dann nimmt der Deutsche das Ruder, und die Bewegungen Soizics ähneln immer mehr dem Trott eines Pferdes. Die Leute von der Abwehr II wissen dies nicht zu schätzen. Sie verschwinden nacheinander mit grünlichen Gesichtern von Deck.
Hein Mück hat in Christian Nissen den Rudergänger der transatlantischen Fahrten Schlimbachs wiedergefunden. Wieder einmal segelt er zum Vergnügen. Komisches Vergnügen! Er muß Kurs und Segel überwachen, während sein einziger Matrose sich zur Ruhe gelegt hat. Unter seinen Füßen hat er drei Passagiere, die noch viel gefährlicher sind als der Sprengstoff in ihren Seesäcken. Jedes Schiff an dem weiten Horizont um ihn herum stellt einen Feind dar, dem er, waffenlos, nur durch List entweichen kann.
Aber der Horizont ist leer. Soizic und sein Gefolge von Möwen sind auf Kurs Westnordwest. Nach einiger Zeit kommt Frenchie aus der Kajüte und nimmt, ohne ein Wort zu verlieren, das Ruder. Seit sie zusammen Segel gesetzt haben, weiß Christian Nissen, daß er auf den alten Säufer zählen kann, der ein geborener Seemann ist. Die beiden Männer sind grundverschieden nach ihrer Herkunft, ihrer Nationalität, ihrer Kultur, ihrer Art, die Dinge zu sehen, aber sie waren von der ersten Stunde an ihrem Boot in gleicher Weise verbunden. Frenchie versteht nicht ein einziges deutsches Wort, aber da eine Ketsch, ob in Kiel oder in Brest, in gleicher Weise manövriert wird, bedarf es keines Wortes, um aufzuheißen, hart an den Wind zu gehen, zu wenden, die Schoten durchzuholen, abzufallen, was auch immer gerade notwendig ist. Er ist seinem Kommandanten gegenüber gehorsam, ohne unterwürfig zu sein, und er sucht ganz offensichtlich seinem Ruf und seiner Erfahrung gerecht zu werden. Wie sollte er wissen, daß Nissen zu den Kap-Horniers und zu den großen Rudergängern der internationalen Sportschiffahrt gehört? Er weiß es nicht, aber er fühlt es, und zwischen den beiden Männern herrscht eine sofortige, stillschweigende Übereinstimmung. Seit er an Bord gekommen ist, hat er keine Flasche mehr angerührt. Er hat nur seine Ration ordinären Rotweins getrunken und mit kleinen, bedächtigen Schlucken den angebotenen Kognak, so als ob er vor dem Kapitän seine Neigung zu starken Getränken nicht zu erkennen geben wollte, ja als ob er die Erinnerung an zwanzig Jahre der ungeheuerlichsten Räusche auslöschen wollte.

Frenchie stellt nie eine Frage. Er könnte es, denn Nissen versteht genug Französisch, um ihm zu antworten. Wenn er die anrüchige Art der Fahrt, an der er beteiligt ist, ahnt, so läßt er sich doch nichts anmerken. Wenn seine Wache dran ist, nimmt er das Ruder, seine Augen blicken fragend, um zu erfahren, ob er den gleichen Kurs steuern soll. Nichts weiter. Um Nissen anzudeuten, daß die Passagiere seekrank auf ihren Kojen liegen, deutet er nur mit dem Daumen nach unten und grinst. Sein Kommandant grinst zurück und zuckt mit den Schultern. Er fühlt sich dem Franzosen weitaus näher verbunden als den Agenten, von denen er nichts wissen will.

Das Patentlog war wahrscheinlich im letzten Winter eingefroren. Es dreht sich jedenfalls nicht. Nach reichlichem Ölgebrauch und vielen Bitten und Drohungen bequemt es sich endlich am Abend des ersten Tages dazu. Hein Mück kann nun seinen Koppelort mit etwas größerer Sicherheit absetzen. Er ist außerhalb der befahrenen Routen. Die Chancen, einem britischen Patrouillenboot in die Arme zu laufen, sind bis vor Irland gering. Die mäßige Brise steht durch; am folgenden Tag brist es auf Windstärke 6 auf. Als Nissen sieht, daß der Franzose ohne Befehl die Segel gekürzt hat, weiß er, daß er ihm völlig vertrauen kann. Er hat zwei Tage lang nicht geschlafen und legt sich hin.

Unter Deck ist nichts mehr von gepflegter Yachtatmosphäre zu spüren. Die Passagiere haben ihren Mageninhalt über den Plüsch entleert. Die Säcke mit Sprengstoff rollen lustig von Backbord nach Steuerbord. Christian Nissen bindet sie erst einmal vernünftig fest. Überall rieselt Wasser, denn die Innenausbauten sind nicht dazu gemacht, überkommende Seen abzuhalten, sondern um dem Auge zu gefallen. Wegen seiner Erschöpfung muß der Skipper das Anbringen von Persenningen zunächst verschieben.

Sechs Stunden später übernimmt er wieder das Ruder. Es weht jetzt eine steife Brise, und Nissen blickt voller Befriedigung auf die weißen Schaumstreifen, die wie zwei Flügel an beiden Seiten des Bootes aufleuchten. Der Horizont ist von den Wellen gezähnt, keine Rauchwolke ist zu sehen. Im Laufe des Vormittags legt der Wind zu und dreht auf Nordnordost. Soizic segelt jetzt voll und gewinnt immer mehr Raum nach Nordwesten, wo auf der Höhe des Fastnet-Felsens Kurs auf Südirland eingeschlagen werden muß. Wenn der Wind durchsteht, muß Nissen wieder mehr nach Osten steuern, die

Segel hart durchsetzen und mit viel Leinwand versuchen, die Gefahrenzone möglichst schnell zu queren.
Die Passagiere gewöhnen sich langsam ein. Man sieht sie zwar nicht zu den Mahlzeiten, aus dem einfachen Grunde, weil weder Nissen noch Frenchie Zeit zum Kochen haben. Ein Stück Brot, etwas Käse und ein Schluck Wein müssen zwischen den Manövern genügen; denn Nissen macht ständig Manöver, vielleicht noch mehr als unbedingt notwendig wären. Kapitän Schlimbachs Rudergänger will nicht einen einzigen Grad nach Lee verlieren, keinen Knoten der optimalen Geschwindigkeit einbüßen.
Er stürmt auf den Fastnet-Felsen genauso zu wie bei seiner letzten internationalen Regatta. Das Ziel ist das gleiche: den Engländer zu schlagen. Und den Engländer in seinem Element zu schlagen war niemals einfach.
Im Morgengrauen des vierten Tages steht er nach Koppelung nördlich des 50. Breitengrades und geht über Stag.

*

Völlig erschöpft schlief Nissen auf seiner Koje, als ihn ein Rütteln aufwachen ließ, das nichts mit den Bewegungen SOIZICS gemein hatte.
„Monsieur commandant – Schiff!"
Nun war es nicht mehr Christian Nissen, der Yachtsegler, sondern Hein Mück, der Abwehrmann, der sein Doppelglas ergriff, zum Niedergang stürzte, hellwach an Deck kam. Im Westen ließen sich zwei Schatten ausmachen, die weiße Schnauzbärte vor sich herschoben. Er beobachtete sie lange und sorgfältig. Kein Zweifel, es waren zwei Kreuzer der Southampton-Klasse.
Laut gab er seinen Gefühlen Ausdruck.
„Da haben wir die Bescherung! Verdammte Gegend!"
Frenchie steuerte ungerührt weiter wie zuvor. Hein Mück fragte sich, ob ihm die Lage wohl klar sei. Wahrscheinlich schon, weil er ja Alarm gegeben hatte, aber er ließ sich nichts anmerken. Der Kommandant beugte sich zum Niedergang vor und schrie hinab:
„Die Seesäcke zum Versenken klarmachen!"
Die Agenten waren plötzlich von der Seekrankheit befreit. Sie kamen aus dem Niedergang heraus und schleppten die Seesäcke mit dem Funkgerät und dem Sprengstoff mit sich.

„Nicht an Deck!" schrie Hein Mück. „Nur griffbereit auf die Stufen!"
Man muß das Zeug nur bis zum letzten Augenblick den Blicken des Feindes entziehen. Dann, als die Passagiere zögerten:
„Alles unter Deck! Schnell!"
Er folgte ihnen und widmete sich zunächst einmal seiner persönlichen Flasche Martell mit den drei Sternen. Christian Nissens Gesicht nahm wieder etwas Farbe an, aber das Hein Mücks zeigte immer noch Schweißperlen, als er wieder an Deck kam. Immerhin weniger Angstschweiß als auf dem Gesicht von Agent Nr. 3, seinem Ursprung nach Hindu, von der Abwehr wegen seines Englandhasses angeworben und Besitzer eines britischen Passes. Er zumindest wußte, welchen Preis man zu zahlen hatte, wenn man den derzeitigen Herren der Welt herausforderte. Er hatte einige Jahre in englischen Gefängnissen gesessen. Der Kommandant übrigens auch! Denn als er im November 1914 an Bord des Windjammers MELPOMENE von Chile kommend via Kap Hoorn hier am Fastnet angekommen war und wegen des Fehlens einer Funkanlage niemand an Bord eine Ahnung vom Kriegszustand mit England hatte, sah er sich alsbald aufgebracht und saß fünf Jahre hinter Gittern. Er sprach daher fließend Englisch, aber als gebranntes Kind hatte er wenig Neigung, seine englischen Studien wiederaufzunehmen. Außerdem winkte die Hanfschnur – wenn die Engländer herausbekommen sollten, daß er auf Rechnung der Abwehr zur See fuhr!
Die beiden Kreuzer kamen mit hoher Fahrt näher. Nissen fluchte auf gut französisch:
„Merde! Merde! Merde!"
Der Matrose grinste. Ohne eine Sekunde zu zögern und wie um eine Antwort auf die stillschweigende Frage zu geben, welche die beiden Kreuzer darstellten, setzte er die Trikolore und darunter einen weißen Wimpel, der soviel bedeutete wie: Franzosen auf der Flucht.
Die Kriegsschiffe stoppten in Luv von SOIZIC, etwa eine halbe Meile entfernt. Nissen bedeutete dem Franzosen, auf sie zuzuhalten. Als geborener Schlaumeier hatte er sich während seiner nächtlichen Wachen, in der Einsamkeit von Himmel und Wasser, eine ganze Reihe von Kriegslisten ausgedacht. Als erste benutzte er diejenige, die einer gewissen Koketterie nicht entbehrte...

Ein Franzose auf der Flucht, der sich dem ersten britischen Kreuzer in die Arme wirft! Die Kriegsschiffe rollten friedlich in der Dünung. Kein Signal, kein Boot. Soizic hielt immer noch auf die grauen Riesen zu. Die Minuten vergingen, für die Engländer sicher schneller als für die „Franzosen auf der Flucht". Hein Mück schwitzte jetzt am ganzen Körper. Er wandte sich in seiner Kabine erneut dem Kognak zu und wiederholte stereotyp: Merde! Aber er blieb unter Deck. Die drei Passagiere sahen ihn mit angstvollen Blicken an. Sie saßen in der Nähe des Niedergangs auf ihren Säcken, um sie auf Befehl im Handumdrehen über Bord werfen zu können. Das Gesicht des Hindus schien grauer zu sein als der überzogene Himmel.

Plötzlich erschien Frenchie im Niedergang und ruderte so lebhaft mit den Armen, daß es klar war, wie wenig ihm der Ernst der Lage entging:

„Parler vous! – Mit Ihnen sprechen..."

„Da haben wir's", dachte der Kommandant. „Sie schicken ein Untersuchungskommando."

Aber die nächste Geste des Franzosen beruhigte ihn.

„Schiffe – weg!"

Nissen kam an Deck. Er konnte nur noch das Heck der Kreuzer sehen, die wieder auf Kurs gingen. Sie spielten mit diesem „Franzosen auf der Flucht" noch einmal Dünkirchen, obwohl er nicht mehr wollte als vor zwei Monaten die Soldaten Gamelins, als sie sich an die Klappen der englischen Landeboote gekrallt hatten, um aus der deutschen Umklammerung zu entkommen. Für diesen Fischer mit der Trikolore hatten die Kreuzer nichts übrig als die gleiche Verachtung.

Fünf Minuten später war kein Tropfen mehr in der Kognakflasche. Die Soizic-Besatzung hatte sie gemeinsam gelenzt. Und der Kommandant holte aus dem privaten Keller unter seiner Koje Ersatz...

*

Die Sonne kam heraus und lächelte ihnen zu. An Bord nichts zu melden. Auf See nichts zu melden. Die Passagiere sind von ihrer Seekrankheit geheilt. Vielleicht hat das Zusammentreffen mit dem Feind das Seine dazu beigetragen. Soizig läuft mit gut 7 Knoten in Richtung Irland. Die See wird sichtlich ruhiger. Gelegentlich treibt

Tang vorbei. Am Ende seiner Kräfte, nach fünf Tagen auf See und dem Zusammentreffen mit den Kreuzern, kann Nissen doch keinen Schlaf finden. Er steuert jetzt wieder, während Frenchie und die Agenten schlafen. Noch kann er das Land nicht sehen, aber er riecht es förmlich mit den Instinkten eines Seemannes, der viele Ozeanreisen hinter sich hat. Die dunklen Wolkenschatten, die auf dem Horizont lagern, sind vielleicht die irische Küste. Die Passagiere sind von fieberhafter Spannung erfüllt. Ihre gefahrvolle Mission fängt erst mit der Ausschiffung an. Immerhin entdeckt Frenchie, der nachmittags das Ruder genommen hat, das Land als erster. Er bekommt, wie es der Brauch ist, ein Paket Tabak als Belohnung. Nissen muß die Fragen der Passagiere, die er möglichst schnell loswerden möchte, über sich ergehen lassen.
„Wo sind wir? Kommen wir heute nacht noch in die Baltimore-Bucht?"
Nissen hat kein brauchbares Besteck und kann ihnen die gewünschte Antwort nicht geben. Er ist seiner Navigation sicher, aber nicht in dem Maße, daß er seinen Landfall auf ein paar Meilen genau festlegen könnte.
Inzwischen wird es Nacht. Der Kommandant feiert die Tatsache, daß er seine Passagiere unter der geforderten Geheimhaltung ausschiffen kann, mit einer festlichen Geste: Er mixt für alle einen Cocktail SOIZIC – eine Mischung aus Orangensaft, Rum Negrita und Kognak. Dazu werden ein paar Dosen mit Sardinen geöffnet; es gibt Gänseleber und Konfekt. Die Partie scheint gewonnen zu sein, trotz des Besuches eines englischen Flugzeuges, das in der Abenddämmerung erscheint, eine Runde dreht, aber wieder wegfliegt, vielleicht weil es noch vor Einbruch der Nacht seinen Stützpunkt erreichen muß.
Die Leuchtfeuer sind bald deutlich auszumachen. Sie zeigen die Südküste Irlands an, und Nissen kann eine exakte Kreuzpeilung nehmen. Eine der Peilungen ist auf den Leuchtturm von Fastnet gerichtet. Er braucht nur noch den Bug auf die Baltimore-Bucht zu wenden und aufzupassen, denn ganz plötzlich ist auf See Hochbetrieb. Einige neutrale Passagierdampfer kreuzen in voller Beleuchtung wie riesige Fackeln den Kurs von SOIZIC. Sie ahnen nichts von der kleinen Ketsch mit gelöschten Lichtern.
Der Morgen graut, als Nissen wenige Kabellängen vor einem Strand

im Inneren der Bucht aufdreht. Es ist der 18. Juli 1940. Die Ausschiffung findet ohne irgendwelche Umstände statt. Als das Boot zu Wasser gebracht wird, kommt es nicht zu Gefühlsregungen. Die Agenten beeilen sich. Das Wasser ist vollkommen ruhig. Man reicht ihnen das Material, die Funkgeräte und den Sprengstoff. Die drei Männer erreichen schweigend den Strand, ziehen das Boot auf den Strand und verschwinden in der Dämmerung. Christian Nissen stößt einen Seufzer der Erleichterung aus, der so gewaltig ist, daß die ausgeatmete Luft SOIZIC unter Spinnaker aufs Meer hinaustreiben könnte.

Zum Unglück für die Abwehrleute hat man nie eine Ketsch gesehen, die vom Atem des Skippers angetrieben die offene See erreicht hätte. In der Morgendämmerung liegt SOIZIC bei Totenflaute kaum eine Meile von Land. An diesem schönen Sommermorgen ist sie von überall wunderschön sichtbar. Nissen flucht auf französisch, und sein Matrose bildet das Echo ... Wenn das Boot eine Schraube gehabt hätte, dann wäre es längst weg, von der See verschluckt. Aber das ist nun einmal nicht der Fall, und die Beobachter an Land fragen sich, warum dieser „Franzose auf der Flucht" nicht versucht, an Land zu kommen oder weiterzufahren. Wie auch immer, in Skibbleren, Dumnaway, Bandon, Clonakilty – Orten, die auf dem Weg nach Cork liegen – wird Alarm gegeben. Eine 1939 verbogene Welle und der Starrsinn eines Bretonen im Jahre 1940 haben SOIZIC seiner Schraube beraubt. Das ist der Anfang einer Kette, die letztlich dazu führt, daß die Operation „Taube" im Keime erstickt wird. Sie sollte Irland auf die Achse Rom-Berlin einschwenken lassen. Sie sollte England von Westen her aus den Angeln heben. Vielleicht sollte sie den Krieg gewinnen, ohne Europa zu zerstückeln! Hätte Hein Mück, der Abwehragent, all das geahnt, hätte er sicher ausgerufen: „Ein Königreich für eine Schraube!" Aber Christian Nissen interessierte sich zweifellos mehr für die See als für Hitlers Politik.

Gegen Abend sprang ein Luftzug aus Nordosten auf. Schnell frischte er auf 5, dann 6 auf, und das Boot machte unter leicht geschickten Schoten gute Fahrt nach Süden. Manöver waren kaum erforderlich. Nissen und Frenchie hatten bis zum Fastnet-Rock so sehr gegen den Wind angekämpft, daß sie sich jetzt beinahe überflüssig fühlten. Ihre einzige Sorge war, die Dampferroute aus dem St.-Georgs-Kanal in den Atlantik möglichst schnell zu überqueren. Natürlich be-

stand immer noch die Gefahr einer unerwünschten Begegnung, aber sie war nicht mehr so groß, nachdem die Ladung von Saboteuren erst mal von Bord war. Nissen-Mück mußte immer noch mit dem Stacheldraht rechnen, aber nicht mehr mit dem Hanfstrick.
Die Nacht verläuft friedlich. Für den Skipper ist sie eine wunderschöne Segelei. Er ist nur daran interessiert, möglichst viel Wind in seinen Segeln zu halten. Das Log dreht sich wie verrückt. Der Zähler singt die abgelaufenen Meilen aus. Das Deck ist trocken, in der Takelage gibt es nichts zu tun. Soizic läuft und läuft. Das Ruder ist festgebunden, so konstant ist die Brise, es genügt, von Zeit zu Zeit einen Blick auf die große grünliche Kompaßrose zu werfen. Nissen kann sich sogar den Luxus erlauben, unter Deck zu gehen, um Tee zu machen, während Frenchie wie ein versteinerter Dinosaurier schläft. Nirgendwo ist ein verdächtiges Licht zu sehen. Der Ozean ist vollkommen einsam.
Der Tag bricht an und setzt doch die schützende Nacht fort. Die Helligkeit kommt hinter einer Nebelwand, die kaum eine Meile Sicht erlaubt. Wenn das nur so bleiben würde ... Wenn Soizic sich bis Ouessant unter dieser Tarnkappe verstecken könnte ... Aber der Nebel wird heller, dann rötlich, während die Sonne den Nebel auflöst. Mittags hat sie alles weggefegt und steht glühend weiß in einem Himmel aus Preußischblau. Am Horizont wird eine Rauchwolke sichtbar.
Christian Nissen hat das Ruder genommen. Er geht an den Wind, um den Kurs des fremden Schiffes abzuschätzen. Wie alle guten Seeleute, die bei jeder Änderung der Segelstellung sofort wach werden, erscheint Frenchie an Deck. Der Skipper zeigt ihm die Rauchfahne, und diesmal ist es Frenchie, der flucht: „Merde, merde!" Und auf bretonisch setzt er hinzu: „Maloz Doué!"
Was ist los? Ist es die Müdigkeit? Oder die Aussicht darauf, daß eine Rückkehr nach Brest nunmehr gefährdet ist? Jedenfalls scheint der Franzose seine unerschütterliche Ruhe verloren zu haben. Anstatt seinen Kognak langsam zu schlürfen, gießt er ihn herunter und hält noch dreimal sein Glas hin. Nissen läßt ihn das Großsegel wegnehmen, damit die Ketsch weniger leicht ausgemacht werden kann. Aber der Rauch steigt ohne Unterlaß empor. Das fremde Fahrzeug steuert NNW und müßte weit entfernt vom Geisterschiff passieren, das auf SSO-Kurs liegt. Christian Nissen betrachtet den Rauch

durch sein starkes Marineglas, das er ins Meer werfen müßte, wenn ein Untersuchungskommando an Bord käme. Er springt hoch und flucht, denn die Rauchwolke macht jetzt West. Das heißt, der Gegner hat die Ketsch gesehen. Es handelt sich mithin nicht um einen Frachter, sondern um einen Hilfskreuzer. Die weiße Flagge am Mast beseitigt schließlich jeden Zweifel. Es ist tatsächlich ein englisches Kriegsschiff.

Nissen setzt die Trikolore, aber nicht den Wimpel „Franzose auf der Flucht". Ein Franzose auf der Flucht nimmt keinen Kurs auf Ouessant. Aber ein bretonischer Fischer, der trotz des Krieges sein Leben fristen muß, kann sehr wohl in dieser Gegend herumfahren. Der Kommandant schleudert zornerfüllt seine Seglermütze, die er seit Fastnet getragen hat, in eine Ecke und setzt eine schmierige Baskenmütze auf. Dann zündet er den Ofen im Logis an, damit der Schornstein raucht, wie immer auf den Fischerbooten. Schließlich füllt er seine Taschen mit Kartoffeln und setzt sich an Deck hin, um sie zu schälen.

Genau wie die Kreuzer stoppt das Wachfahrzeug weniger als eine Meile entfernt. Nissen kann sich denken, daß SOIZIC im Gesichtsfeld der Ferngläser ist und keine Bewegung den feindlichen Beobachtern entgeht. Mithin hängt seine Freiheit davon ab, wie er die Kartoffeln schält. Er produziert daher in vollkommener Weise die ultradünnen Schalen, die bei der Armut der Fischer ganz allgemein und der bretonischen Fischer im besonderen üblich sind. Er arbeitet so sorgfältig, daß er sich schneidet! Bei Frenchie, der am Ruder sitzt, könnte selbst ein As des Intelligence Service seine bretonische Herkunft nicht in Frage stellen. SOIZIC besteht offenbar ihr Examen. Das Patrouillenfahrzeug nimmt Fahrt auf und geht wieder auf NNW. Die Minuten wurden zu Ewigkeiten.

Das Groß wird gesetzt. Frenchie überläßt Nissen das Ruder, stürzt zum Niedergang und greift nach einer Flasche Kognak. Er leert sie zur Hälfte, kehrt an Deck zurück und zerschlägt sie. Dann entschuldigt er sich beim Kommandanten. Nach dieser Krise geht wieder alles seinen Gang. Der Matrose holt sich eine Pütz und spült das Deck ab. Der Dialog zwischen Meer und Boot kehrt zu den Formen zurück, die seit den Urzeiten der Seefahrt unter Segeln gebräuchlich waren.

*

Auch die nächste Nacht war schön. Zahlreiche Sterne leuchteten aus einem schwarzen Himmel. Mit Hilfe einiger Gläschen war es dem Kommandanten gelungen, seinen Matrosen für sechs Stunden auf die Matratze zu nageln. Er selbst steuerte. SOIZIC machte voll und bei segelnd ihre sieben Knoten. Eine sanfte See lief hinter dem Boot her und funkelte im Leuchten des Meeres. Die Wellen erschienen aus dem Dunkel, versuchten vergeblich, die Ketsch einzuholen, wiegten sie nur sanft und verschwanden wieder in der Nacht. Sogleich wiederholte sich das Schauspiel. Christian Nissen hatte seit der Landung kaum geschlafen, aber er verfiel dem Schlaf nicht. Es war, als ob er in einem jenseitigen Zustand existierte, der von seiner gefahrvollen Mission beherrscht wurde. Als die erste Nachtwache vorbei war, kam Frenchie, um ihn vom Ruder loszureißen. Auf seiner Koje ausgestreckt, hörte der Deutsche jetzt zu, wie der Alte vor sich hin sang, und er versuchte sich die Melodie und die bretonische Klage einzuprägen, in der Saint Yves auf dem Wasser wandelt.

Die Sonne strahlte bereits aus einem blauen Himmel, als der angenehme Duft gebratenen Specks ihn weckte. Frenchie hatte die Lage perfekt erkannt. Er stellte sich immer mehr als der großartige Gefährte heraus, den er gern behalten hätte, wenn er noch weitere Fahrten mit einem Geisterschiff machen mußte. Nach Kopplung mußte SOIZIC etwa 5 bis 6 Meilen von Land entfernt sein. Am Nachmittag des 20. Juli erkannte der Matrose es als erster, und wieder war ein Paket Tabak fällig. Dann versenkte sich der Kommandant in die Seehandbücher. Er wollte Ouessant an Backbord lassen, denn er hatte keine Lust, auf den Steinen zu landen, die überall zwischen der Insel und dem Festland drohten, um so mehr, als jetzt die Nacht einbrach und der Wind wegblieb.

Frenchie steuerte indessen genau auf das Gebiet los, das sein Skipper meiden wollte. Nissen versuchte ihm das Ruder aus der Hand zu nehmen, aber der alte Trunkenbold machte ihm klar, daß er in Ouessant geboren sei und jede Klippe, jede Untiefe, jede günstige oder ungünstige Tidenströmung kenne, die die Einfahrten von La Helle und Le Four versperren. Er hatte seine Jugend damit verbracht, zwischen den Riffen zu fischen, und er gab ihnen Namen, die den Hydrographen zweifellos unbekannt waren, seltsame heidnische Namen. Es war ihm völlig egal, daß die Feuer von Faix und den Plâtresses gelöscht waren und weiter südlich die der Grande

Vinotière und von Kermovan. Er machte sich stark dafür, Brest ohne Zwischenfall zu erreichen, und Nissen schenkte ihm volles Vertrauen.

Am nächsten Morgen passierte Soizic den Kriegshafen, der immer noch brannte. Eine Barkasse mit der Flagge der Kriegsmarine stürzte sich auf die Ketsch, begreiflicherweise, ohne ihre geheime Mission zu kennen. Nissen machte sich einen Spaß daraus, den Marineangehörigen, mit denen er wenig gemein hatte, eins auszuwischen. Er blieb in seiner Kabine und hörte sich mit breitem Grinsen den seltsamen Dialog zwischen dem deutschen Oberfeldwebel und Frenchie an, die beide auf deutsch und bretonisch Unfreundlichkeiten austauschten. Schließlich kam er an Deck und wandte sich an den Unteroffizier:

„Reg' dich ab und gib mir mal 'ne Leine rüber!"

Soizic machte im Fischereihafen fest. Bewaffnete Soldaten stürzten an Bord und benahmen sich, wie sich die Engländer von den Kreuzern und dem Patrouillenboot benommen hätten, wenn sie ein bißchen mehr Neugier gezeigt hätten. Nissen sagte ihnen ein wenig spöttisch:

„Führen Sie mich zum Hafenkapitän, aber ein bißchen dalli!"

Frenchie hatte seinen Seesack bereits gepackt und seine Heuer für die Fahrt eingesteckt – die beste Heuer seines Lebens, die ihn allein schon ein paar Jährchen über Wasser gehalten hätte. Er sollte eigentlich in Gesellschaft eines deutschen Soldaten an Bord warten. Aber Christian Nissen fand ihn erst zwei Tage später in Caramet, wo er sich mit anderen Fischern auf der Mole sonnte. Er zitterte, als er seinen alten Kommandanten nahen sah, der ihm die Hand schütteln wollte, und wandte sich brüsk ab. Vielleicht wollte er vor seinen Begleitern seine Beziehungen zu den Deutschen nicht offenbaren. Vielleicht fühlte er angesichts der Heuer auch Gewissensbisse, weil er meinte, die Arbeit und das Risiko wären soviel nicht wert. Niemand weiß es, und niemand wird es je wissen, denn Frenchie starb ein paar Jahre nach dem Kriege, allein in seinem Schweigen und seinem Säuferdasein.

II.

ANNI BRAZ BIHEM 1940

Vor der Ehrenpforte des Arsenals in Brest spielt eine Kapelle der Kriegsmarine „Die Wacht am Rhein". Die Einwohner hören sich die Musik an und machen dazu gleichgültige Mienen, um das Gesicht zu wahren. An der Bar des Hotels Continental hat die Jazz-Combo einen Evergreen angestimmt ... Swing, swing, Mademoiselle Française! ... Mademoiselle Française ... vous dîner avec moi? ... Christian Nissen lädt Mademoiselle Française häufig zum Essen ein, am liebsten an Bord der SOIZIC, wo er sich recht gemütlich als Yachtskipper eingerichtet hat. Er hat Brest, das von der deutschen Kriegsmarine besetzt ist, keineswegs so zerknirscht vorgefunden, wie es das Klischee Pétain gern hätte, und auch keineswegs von unerschütterlichem Patriotismus beseelt, wie es später das Klischee der Résistance möchte. Vielmehr geht das Leben ganz einfach weiter. Es wird nur beeinträchtigt von der Rationierung der Lebensmittel und den nächtlichen Besuchen britischer Bomber. Wenn um drei Uhr in der Frühe die Sirenen heulen, leeren sich die Zimmer des Hotels Continental. Die Zahl der Mädchen, die „mit dem Feind kollaborieren" und nun zum Vorschein kommen, ist nicht klein. Sie bevölkern alsbald, mehr als spärlich bekleidet, die Straßen. Dreißig Jahre später werden sie das mondäne und das brav-bürgerliche Leben der Stadt prägen ...

Christian Nissen mißbilligt das alles nicht. Nach seiner Rückkehr von der gefährlichen Kreuzfahrt hat ihn ein leichtes Schwindelgefühl befallen. Er steuerte eines der Geisterschiffe der Abwehr und ist jetzt ebensosehr Gefangener seines Schiffes wie der Fliegende Holländer. Er, der für den Krieg nie mehr als ein bloßes Lippenbekenntnis übrighatte, ist plötzlich mitten im stärksten Kriegsgeschehen. Er ist dazu verurteilt, von nun an das Meer zu befahren, ohne Flagge, ohne Musterrolle, ohne Logbuch. Auf Kriegsdauer wird ihn der Nebel des Geheimnisses umgeben, denn die Geheimdienste öffnen nie mehr die Tür, die hinter jemandem zugeschlagen ist. Nun, früher fuhr er auf Windjammern, dann auf Yachten. Von nun an wird er eben geheim die See befahren. Schließlich ist das unwichtig, denn ist es nicht die Hauptsache, überhaupt ein Segelschiff unter den Füßen zu haben?

Christian Nissen spielt seine Rolle an Land mit bemerkenswerter Erfindungskraft. Da er perfekt Englisch spricht, läßt er sich jetzt Jeffry Cockburn nennen und stellt einen amerikanischen Kriegsberichterstatter in Europa dar. Unter den Stammgästen des Hotels Continental wird er schnell berühmt. An der Bar flüstern ihm die Kellnerinnen und die „kleinen Alliierten" ihre Geheimnisse zu. Er fragt auch herum, in der Hoffnung, aus englischer Quelle etwas über das Schicksal seiner in der Baltimore-Bucht abgesetzten Passagiere zu erfahren.

*

Drei Männer, die schwer bepackt auf einer Straße der Grafschaft Cork dahinwandern und sich nach dem Weg nach Dublin erkundigen, einer davon ein Hindu, kommen in Kriegszeiten nicht weit. Insbesonders, wenn ihr Schiff, das unmittelbar vor der Küste in der Flaute festliegt, die Sicherheitsorgane in Alarmzustand versetzt hat. Tributh, Gaertner und Obed wurden bereits zwei Stunden nach ihrer Landung verhaftet und von den Iren auf Kriegsdauer interniert.

Der deutsche Hauptmann Hermann Goertz sah sich daher ohne die erwartete Unterstützung, als er am 5. Mai 1940 bei Summerhill in der Grafschaft Meach mit seinem Fallschirm aus einer Heinkel absprang. Er hatte dann Verbindung zur I.R.A. aufgenommen, deren anarchische Unterstützung ihm eher schadete als daß sie nützte. Er wartete jetzt auf die Agenten, die mit der Soizic gekommen sein mußten, und die beiden Persönlichkeiten der gälischen Unabhängigkeitsbewegung: Sean Russell, der aus den Staaten zurückgekommen war, und Frank Ryan, der aus einem Gefängnis Francos entlassen worden war.

Um das Untergrundnetz trotz des Scheiterns der Soizic-Agenten wie geplant aufzubauen, wird die Abwehr in Kürze Russell und Ryan auf einem deutschen U-Boot einschiffen. Das Boot, das unter dem Kommando Kapitänleutnants von Stockhausen steht, verläßt Wilhelmshaven am 8. August 1940. Russell ist krank, Ryan von seinem langen Gefängnisaufenthalt erschöpft. Russell stirbt am 14. August, als das Boot nur noch 100 Seemeilen von Galway entfernt ist. Er wird mit militärischen Ehren, eingewickelt in eine Hakenkreuzflagge, über Bord gegeben. Das U-Boot dreht um und kehrt zurück. Ryan sollte sein Land nicht mehr wiedersehen. Er starb am 10. Juni 1944 in Deutschland.

Der geheimen Irlandpolitik des Dritten Reiches wurde auf diese Weise ein Ende gemacht. Es war einerseits Pech, aber auch die Macht

des britischen Geheimdienstes, der mit Duldung de Valeras in Irland tätig war, spielte eine Rolle.
Während das Unterseeboot von Stockhausen nach Wilhelmshaven zurückkehrt, genießt der amerikanische Journalist Jeffry Cockburn in Brest sein Leben. An der Bar des Continental geht der Kognak ebensowenig aus wie die Mädchen auf der Soizic. Ein Seemann von einem Segelschiff auf großer Fahrt ist in jedem Hafen hoch angesehen. Bei den Tagen im Continental und den Nächten auf der Soizic geht es so hoch her, daß sich der Hafenkommandant beschwert. Aber der SD, der für die Sicherheit der Besatzungstruppen verantwortlich ist, hält seine schützende Hand über Nissen. „Was wollen Sie? Schließlich ist das ja nur das normale Verhalten eines amerikanischen Kriegsberichterstatters. Da kann man nichts machen."
Dieses schöne Leben hat eines Abends ein jähes Ende. Da sitzt einmal wieder Jeffry Cockburn an seinem Stammplatz an der Bar des Hotels und unterhält sich auf englisch, als ein junger Leutnant der Wehrmacht strahlend auf ihn zugeht und ihn mit ausgestreckter Hand laut begrüßt:
„Nissen! Das ist ja nicht möglich! Ich dachte, du bist immer noch bei Burmester in Bremen! Was treibst du hier?"
Tiefes Schweigen. Ein amerikanischer Journalist löst sich in Wohlgefallen auf. Er hinterläßt ein wenig Schwefelgestank. Der Hafenkommandant genießt seine Rechtfertigung. Nissen muß seinen Seesack an Land geben. Die Abwehr stellt ihm 30 Kilometer von Brest entfernt ein Quartier zur Verfügung, das von hohen Mauern umgeben ist. Das Angeberspiel ist aus.
Nissen reagiert darauf wie die alten Segelschiffsmatrosen. Wenn sie nach 130 Tagen aus Sidney oder Valparaiso zurück waren, verfluchten sie ihren „alten Eimer" und schworen, niemals wieder einen Fuß darauf zu setzen. Natürlich taten sie es doch, wenn ihnen eine „Hostess" den letzten Sou aus der Tasche geholt hatte. Der berühmte Yachtsegler hat keine Hostess mehr. Und für ihn gibt es nur einen Reeder: die Abwehr. Ende August holt ihn der Chef der Abwehr II nach Berlin.
Wie alles, was in Deutschland in die Wege geleitet wird, funktioniert die Abwehr mit höchster Präzision und führt ihre Aufgaben bis zum Schlußstrich aus – auch wenn die Veranlassung dazu nicht

mehr gegeben ist oder die Mittel fehlen. Goertz, der nach einigen Monaten in Irland erstaunlicherweise immer noch in Freiheit ist, verlangt jetzt nach einem Mitarbeiter, der die Situation mit der I.R.A. klären soll. Weder er noch die Geheimdienste haben begriffen, daß das Wesen der I.R.A. nicht einmal für einen Iren zu klären ist. Auf keinen Fall läßt es sich auf die primitive Formel einer Geheimarmee für Deutschland bringen. Man wird ihm dennoch einen gewissen Helmuth schicken, der von einem Funker unterstützt wird, aber diesmal nicht mit einem U-Boot, sondern durch einen Geistersegler. Christian Nissen soll die beiden im äußersten Norden des Landes absetzen, nahe Rosses Point an der Sligo-Bucht, wo der neue Agent gute Freunde zu haben glaubt.

*

Helmuth ist durch seine Mutter Franzose, seinen Vater Deutscher, bis zu seinem 14. Lebensjahr ist er in Dublin aufgewachsen. Sein Studium hat er in Berlin abgeschlossen und seine Philosophie à la Rosenberg in der Hitlerjugend gelernt. Im Krieg der Arier ist er der ideale Feind der Londoner City, denn er ist sowohl keltischer Irredentist als auch germanischer Eroberer. Er ist groß und blond, kaum erwachsen, mit feinen Gesichtszügen. Er verbirgt seine Kraft hinter einem zur Schau gestellten Phlegma und seine Vorliebe für Gewalttätigkeit hinter dem Schleier, der seine blauen Augen verhüllt.

Beim ersten Zusammentreffen gefällt er Christian Nissen, der wieder Hein Mück geworden ist, nachdem das Intermezzo Jeffry Cockburn sein Ende gefunden hat. Er sagt ihm:

„Ich will SOIZIC nicht wieder in Dienst stellen, weil keine Schraube dafür aufzutreiben ist. Wir werden es diesmal mit schwerer See zu tun haben. Ich möchte ein richtiges Fischerboot haben, wenn möglich ein neues. Es muß eine starke Maschine haben. Ich brauche dazu auch eine Besatzung von Berufsseeleuten, aber diesmal richtig erfahrenen Leuten."

Die Suche nach einem Schiff hat schnell Erfolg. Nissen findet in Douarnenez unter den vielen stillgelegten Schiffen einen Thunfischfänger, der 1938 von Stapel gelaufen und noch voll ausgerüstet ist. Es ist die ANNI BRAZ BIHEM von 53 Tonnen Verdrängung. Der Halbdiesel gibt 100 PS ab und ebenso viele mechanische Pannen.

Eine ist komplizierter als die andere. Aber da Nissen dem Patron der Fischer, denen das Schiff gehört, keine Fragen stellt, sieht sich dieser auch nicht veranlaßt, ihn über die Mucken der Maschine aufzuklären, die er sowieso loswerden will, wenn das Schiff den Krieg übersteht. Er überführt das Boot nach Brest, wo die Besatzung aussteigt und verschwindet.

Die Seeleute kommen allerdings am nächsten Morgen wieder und bitten um die Erlaubnis, ein paar vergessene Kleidungsstücke zu holen. Nissen sieht keinen Grund, die Fischer, denen er durch die Beschlagnahme die Existenzgrundlage entzogen hat, auch noch ihrer privaten Habe zu berauben. Südwester, Ölzeug und Seestiefel finden sich an, und die Bretonen verlassen endgültig die Szene.

Nissen, Helmuth und sein Funker richten sich an Bord der ANNI BRAZ BIHEM ein. Dann vergehen die Tage. Hein Mück, der moderne Korsar in geheimem Auftrag, vergißt, daß er einmal der lebenslustige Christian Nissen war. Es ist September geworden. In Brest hat sich die Atmosphäre gewandelt. Der Zwiespalt der ersten Tage der Besetzung ist einem Klima mürrischer Unzufriedenheit gewichen. Die Soldaten, die geglaubt hatten, in Brest einen frisch-fröhlichen Krieg zum Abschluß bringen zu können, sehen ein, daß England nicht nachgibt, daß noch Monate, ja Jahre gekämpft werden muß. Die Einwohner Brests fühlen sich zwischen Kriegsmarine und Royal Air Force wie auf dem Präsentierteller. Sie spüren gleichsam schon jetzt den Rauch der Brände, die ihre Stadt zerstören werden. Mademoiselle Française hält mehr Abstand zu den Kriegern, deren Lorbeer sichtlich welkt.

Hein Mück will eine Teilladung von Thunfischen an Bord nehmen, um die Fahrt der ANNI BRAZ BIHEM im Fall einer Untersuchung durch die Engländer plausibler zu machen. Er muß daher auf die Rückkehr eines Fangschiffes warten. Inzwischen vergeht die Zeit. Eine Nahrungsmittelvergiftung nagelt ihn eine Woche in seiner Koje fest. Als er wieder auf den Beinen ist, ist es Oktober geworden. Die Fische sind im Kühlraum, die Tanks voller Diesel, die Papiere in Ordnung. Ein bißchen spät denkt er schließlich an eine Besatzung ... Warum hat er nicht die Besatzung der ANNI BRAZ BIHEM dienstverpflichten lassen, als das Schiff beschlagnahmt wurde? Warum will er jetzt fünf Mann haben, wo er doch SOIZIC mit Frenchie allein gefahren hatte? Natürlich ist das laufende Gut des Thunfängers schwerer, die Entfernung größer, die See auf der Höhe des 55. Breitenparallels gröber als auf der Höhe von Fastnet. Trotzdem versteht man nicht ganz, warum jetzt auf einmal solche Vorbereitungen getroffen werden, nachdem die Fahrt der Soizic geradezu improvisiert war.

Um eine Besatzung zu bekommen, wendet sich unser Korsar natürlich an die Kriegsmarine. Da er aber Seeleute braucht, die in Frankreich registriert sind, gibt der Marinestab die Sache an die französische Heuerstelle weiter. Man kann sich gut vorstellen, wie ein bretonischer Behördenleiter seinen Untergebenen sagt:

„Die Schweine wollen Matrosen? Verpaßt ihnen die dösigsten, die ihr findet!"

Am 18. Oktober hat Hein Mück seine Besatzung zusammen: fünf französische Seeleute und einen Mechaniker dänischer Herkunft, der einzige, der Deutsch spricht. Da er nachts nicht ablegen kann, weil das verboten ist – eine Durchbrechung des Verbots wäre nicht in Einklang zu bringen mit dem geheimen Charakter des Unternehmens –, wirft die Anni Braz Bihem um 14.00 Uhr die Leinen los und läuft mit guten 9 Knoten aus der Bucht von Brest aus.

*

Auf See. Ouessant zeigt querab sein Profil, das einem Kriegsschiff gleicht, welches im Strudel der Gezeiten seit dem Anfang aller Tage festliegt. Im herbstlichen Himmel liegt über dem müden Blau ein leichter goldener Dunst. Unter dem Thunfänger läuft eine hohe Dünung durch. Der Wind ist schwach, er erreicht kaum zwei Windstärken, aber er streichelt die Masten und flüstert zu den Segeln. Die Äquinoktialstürme zögern noch mit ihrem Erscheinen. Die See ist ideal für einen Vorstoß in hohe Breiten. Um die Masten weben die Möwen ohne Unterlaß Schleifen aus Gold, deren Leuchten sie sich von der Sonne holen, die rot und riesig dem Horizont zustrebt. Jede Bewegung, ja der Wille der Männer, alles ist von dem weichen Zauber dieses Tages eingelullt. Hein Mück wird es gleich erfahren, als er befiehlt:

„Alle Mann an Deck, klar zum Segelsetzen!"

Die Gestalt Helmuths erscheint aus dem Niedergang und entfaltet sich langsam, wie eine Schlange, die aus dem Schlaf erwacht. Niemand folgt ihm. Aber nach einiger Zeit erscheint doch einer der

französischen Seeleute. Er trägt einen Kohleneimer, der für die Kombüse bestimmt ist. Der Kommandant greift ihn sich beim Vorbeigehen und befiehlt:
„Du – nimm das Ruder!"
„Nix compris", antwortet der Seemann.
Hein Mück fragt erstaunt: „Du – kein Seemann?"
Die Antwort ist von einem breiten Grinsen begleitet:
„Mais oui – comme ça!"
Während er mit verräterischem Geschick seinen Kohleneimer schwenkt, gibt er zu verstehen, daß die Arbeit eines Kohlentrimmers auf den Frachtdampfern der Vorkriegszeit keine Geheimnisse für ihn birgt... Seefahrt ist für ihn eine Sache der Schaufel...
Der Kommandant läßt durch den Agenten, der besser als er Französisch spricht, die Besatzung an Deck kommen. Sie versammelt sich nach und nach. Hein Mück wiederholt sein Kommando:
„Segelsetzen!"
Die Männer rühren sich ebensowenig wie Ochsen vor den verschlossenen Toren einer Scheune. Mück ist wie vor den Kopf geschlagen. Er nimmt seine Mütze ab, kratzt sich und fragt den jungen Germano-Gallier, der plötzlich der einzige Verbündete geworden ist, auf den er zählen kann:
„Franz, frag' sie, was sie können."
Neptun dürfte der Szene mit großen erstaunten Augen beigewohnt und sich gefragt haben, warum der Kommandant diese Frage nicht vor dem Ablegen gestellt hat. Helmuth erkundigt sich und bedeutet seinem Kapitän nach längeren, mühsamen Erläuterungen, daß „Mais oui – comme ça" sich darauf versteht, in einem Kessel den Dampfdruck zu halten, daß der kleine Pierre auf der ÎLE DE FRANCE bei Tisch serviert hat, daß Yves und Morvand zwar Decksmatrosen sind, aber nie ein Fall in der Hand gehabt haben. Der Gloadec war Schiffsjunge auf der NORMANDIE. Der Däne Johansen kennt sich mit Verbrennungsmotoren aus.
Ein bitteres Lachen kommt von den Lippen des Kommandanten, der sich überlegt, ob er nicht zurücklaufen soll, um in Brest eine neue Besatzung anzuheuern. Er schwankt ein paar Minuten, aber der Gedanke, wieder am Kai zu liegen, ist ihm unerträglich. Schließlich gibt er den Gedanken daran auf und hält sich an der Idee fest, die ihm schlagartig gekommen ist:

„Sag ihnen", sagt er zu Helmuth, „daß sie ab morgen Segelunterricht kriegen."
Die Sonne geht unter. Die Nacht bricht herein. Man hört nur noch das höhnische Lachen der Möwen, die klüger sind und Kurs auf das Festland nehmen. Aber wenn ein Deutscher etwas will, dann so sehr, daß es aussieht, als stehe er anstelle des Schöpfers. Gott mit uns!

*

In der Morgendämmerung werden bei Windstärke eins und zwei der Besan, das Großsegel, Fock und Klüver gesetzt. Man braucht dazu fünf Stunden! Wenn die Matrosen auch keine Ahnung von der Takelage haben, so kennen sie um so besser das Reglement der französischen Handelsmarine. Sie bilden auf der Stelle eine Gewerkschaft und pochen auf ihre Rechte. Kaum ist die Fock gesetzt, sagt „Mais oui – comme ça" zu Helmuth:
„Sagen Sie dem Kommandanten, daß es Zeit zum Frühstück ist. Punkt sechs haben wir Anspruch auf Frühstück!"
Man frühstückt also erst mal. Um das Großsegel zu setzen, verlangte der Gloadec ein Viertel Wein extra. Als Matrosen der Handelsmarine erschien den Männern das Setzen und Durchsetzen eines Segels als Schwerarbeit, die nach Extrarationen verlangte, ganz abgesehen von den Zuschlägen zur Heuer nach Abschluß der Reise...
Unter gesetzten Segeln lief die ANNI BRAZ BIHEM mit achterlichem Wind ihre sechs Knoten und segelte auf Nordwestkurs in den Atlantik hinein. Man ließ sich sodann zum Essen nieder und trank seinen Schoppen, bevor man erneut die Arme krumm machte. Der Däne Johansen interessierte sich als einziger weniger für die Kaninchenpastete als für seinen Motor. Dies war für den Kommandanten das Wichtigste. Er rechnete mit dem Diesel, um heimlich in die schwierige Sligo-Bucht hinein- und wieder herauszukommen. Über die Hilfe, die von den anderen kommen würde, machte er sich keine Illusionen, mit Ausnahme von Helmuth, den er als geborenen Seemann einschätzte. Man brauchte nur zu sehen, wie schnell er sich an die Segelei angepaßt hatte. Helmuth kam aus der Hitlerjugend und war erstaunlich in allem, was er nur mit seinem Instinkt tun konnte. Er war niemals zur See gefahren, höchstens auf den Fähren Hoek van Holland–Harwich und Holyhead–Dublin, aber er liebte das Meer und wurde von Tag zu Tag mehr der perfekte Kamerad, ohne

den eine lange Fahrt unter Segeln sehr schnell dem Zusammengepferchtsein hinter Stacheldraht ähnelt. Statt ihn auf Abstand zu halten, wie er es mit den Soizic-Passagieren getan hatte, statt überhaupt nicht an den anrüchigen Charakter seiner Mission zu denken, wie bei seiner ersten Fahrt nach Irland, versuchte Hein Mück sein Unternehmen mit allen Mitteln zu einem guten Abschluß zu bringen. Er wollte es nicht nur als Skipper, sondern auch als Verantwortlicher für den geheimen Auftrag.

Nach einigen Tagen reagierte die Besatzung immer noch recht unvollkommen auf Manöverbefehle, aber Anni Braz Bihem wurde begünstigt von frischen Brisen und ruhiger See und machte gute Fahrt nach Nordwesten. In diesem Oktober war das Wetter unglaublich schön. Aber Christian Nissen ließ sich als erfahrener Skipper nicht täuschen. Er betete nur täglich, daß ihm die Stürme vor der Sligo-Bucht erspart bleiben möchten. Er wußte nur zu gut, daß er es dann mit einer solchen Besatzung nicht wagen durfte, dort einzulaufen, und keine Aussicht hatte, wieder herauszukommen.

Indessen begann das Barometer bereits zu fallen.

*

Es fiel nicht schnell, so als ob es einen kurzen Püster anzeigen wollte, sondern langsam, und das war viel ernster. Die Sonne war unter einem Wasserschleier verborgen; ihre Scheibe wurde bleich wie eine Hostie und verschwand dann aus dem Zenit, um später höchstens einige Minuten lang in blutroter Schrecklichkeit dicht über dem Horizont aufzutauchen. Ein Gewölbe von Wolken baute sich dichter und dichter auf, als ob der Raum sich um das Schiff verfestigen wollte. Noch wehte der Westwind nicht, aber Christian Nissen las im Himmel die Vorboten seines Wütens. Er wußte genau, wie er über die Takelage herfallen, das Schiff bis zum Kiel erzittern lassen, die Männer an Deck mit eisigem Wasser überschütten würde.

Nissen war ein junger Offizier gewesen, als er zum erstenmal das Kap der Kaps von Ost nach West gerundet hatte. Er sah sich noch einmal in seinem Ölzeug schlottern, sah sich in das Toppsegel gekrallt, hörte die Donnerschläge, wenn der Wind mit der Mühelosigkeit, mit der eine Frau ihr Taschentuch ausschlägt, in die schwere Leinwand eines schlecht festgemachten Marssegels fuhr. Das konnte ihm hier nicht passieren. Er wußte alles, was der Wind mit einem

Segel machen konnte. Er hatte es sein ganzes Leben hindurch erfahren. Bei Stürmen, in Nächten der Angst und bei Zwischenfällen aller Art hatte Nissen seine Lektion gelernt. Er wußte, daß alles in Ordnung war. Aber Christian Nissen mußte Mißtrauen hegen gegenüber Hein Mück, dem Kapitän eines Fliegenden Holländers, der um jeden Preis die geheime Mission, seine Aufgabe, die ihm sein Vaterland gestellt hatte, zu einem guten Ende führen wollte.

Das Barometer fiel noch immer in feierlicher Langsamkeit. Es verkündete die Ankunft eines schweren Wetters, das von Dauer sein würde und den verspäteten Äquinoktialstürmen entsprach. Hein Mück (oder etwa Christian Nissen?) ließ das stehende Gut durchsetzen, ließ das Trysegel und die Sturmfock anschlagen. Solange Arbeit an Deck möglich war, ließ er den Inhalt der Fässer, die an Deck verstaut waren, in die Tanks füllen. Die gewerkschaftlich organisierten Matrosen führten die Arbeit ohne langes Reden von Frühstückspause oder Extraration an Wein aus. Ihre Gesichter reflektierten bereits das Grün der See, die um sie brach. ANNI BRAZ BIHEM benahm sich beiliegend sehr gut, wie fast alle Fischerboote, aber das Herz der Seeleute war nicht nur beschwert von den Bewegungen des Schiffes, sondern auch von der Aussicht auf die Begegnung mit einem Sturm auf einem so kleinen Schiff. Sie unterschätzten seine Seetüchtigkeit, aber schließlich hatten sie nie die Gelegenheit gehabt, sie kennenzulernen ... Nur das, was man nicht kennt, macht angst ...

Die Böen fielen jetzt pausenlos ein. Vor jeder Bö kam eine seltsame Dunkelheit, die das Grau des Himmels und der See noch vertiefte. Jede Bö überschüttete die ANNI BRAZ BIHEM wie ein Wasserfall, so als ob das Wasser des Himmels und der See sich verbündet hätten, um das Schiff in einer doppelten Bewegung, von oben nach unten und von unten nach oben, zu verschlingen. Von Zeit zu Zeit leuchtete hinter den Wolken ein schwacher Blitz auf. Dann zog die Bö weiter, und die Sicht wurde wieder besser.

Die Seeleute aus Kesselraum und Kombüse hielten sich unterdes an Deck, indem sie sich instinktiv an das Schanzkleid klammerten. Sie begingen den Fehler, die Bewegungen eines kleinen Küstenfahrers, der eine Meile querab seines Weges fuhr, abzuschätzen: Die Wellen schienen über seinen Schornstein hinwegzugehen. Natürlich zogen sie aus einem Fehlschluß beängstigende Folgerungen: je größer das

Schiff, um so seetüchtiger ist es auch. Wenn ein Schiff von 1 000 Tonnen so vom Meer verschlungen wurde, wie konnte sich dann ein kleiner Segler schwimmend erhalten? Obwohl der Thunfänger sich ganz friedlich benahm, ähnlich wie ein Messer in weicher Butter, wurden sie doch auf der Stelle samt und sonders seekrank und verzogen sich unter Deck.

Johansen gesellte sich dazu, aber nur, um befehlsgemäß den Motor in Gang zu setzen. Der Skipper wollte jetzt vom Beiliegen weg auf Kurs zur Küste gehen. Nach seiner Koppelrechnung stand er 65 Seemeilen westlich von Galway. Er war seit einer Woche in See und hatte noch 200 Seemeilen zu laufen, bevor er in der Sligo-Bucht Land machen konnte. Er mußte sich also beeilen, soweit es das Wetter zuließ. Denn die See würde bei der Annäherung an den 55. Breitengrad immer schwerer werden. Es wehte jetzt mit Windstärke neun.

Man hörte inzwischen aus dem Motorraum das Geräusch von Werkzeugen und Flüche. Der Motor sprang nicht an. Der Kommandant sagte zu Helmuth:

„Sieh mal nach, was da unten los ist!"

Helmuth, der Agent, läßt sich an den Eisensprossen hinab und stellt fest, daß gar nichts los ist. Johansen liegt neben seinem Motor, der ebenso seekrank ist wie er. Er rollt auf den Bodenblechen, die von stinkendem Bilgewasser überspült sind, von Backbord nach Steuerbord hin und her. Die Luft ist erfüllt von dem Gestank des Treibstoffes, der beim Umfüllen aus den Fässern in die Tanks danebengegangen ist. Helmuth holt den Kommandanten und „Mais oui – comme ça", der etwas weniger seekrank ist als die anderen, zu Hilfe. Zu dritt zerren sie Johansen den Niedergang hinauf und legen ihn an Deck, wo sie ihn erst einmal unter lautem Gelächter mit ein paar Pützen Seewasser übergießen.

Aber wer zuletzt lacht, lacht am besten. Nach einer neuerlichen Erkundung im Motorraum erklärt Helmuth:

„Der Motor ist nicht ganz in Ordnung. Aber das hat nichts zu sagen, denn er startet sowieso nicht. Es ist nämlich kein bißchen Druck zum Anlassen in der Preßluftflasche!"

„Und die Reserveflasche?"

„Auch leer!"

Johansen hat vergessen, sie vor dem Ablegen füllen zu lassen!

Die Nase Nissens wird immer länger. Ohne Motor ist es schwierig, wenn nicht unmöglich, Rosses Point in der Sligo-Bucht anzulaufen. Dazu kommt noch, daß ein Schweinewetter herrscht. Und weiter, daß die unmittelbaren Folgen höchst bedrohlich sind. Die Bilge läßt sich nicht mit der Motorpumpe lenzen.

„Mach die Reservehandpumpe klar", befiehlt Nissen seinem Getreuen, „und sieh zu, daß du einen Franzosen aus der Koje holst!"
Als vorausschauender Seemann hatte der Kommandant zwar vor dem Auslaufen festgestellt, daß eine Notpumpe an Bord war, aber er hatte sie nicht überprüft... Wie kann ein so primitiver Mechanismus überhaupt kaputtgehen? Helmuth gießt Wasser in den Ansaugraum und bewegt den Schwengel. Die Pumpe läßt einige Grunz- und Quietschtöne hören, es blubbert ein bißchen, aber aus dem Abflußrohr kommt kein Wasser zum Vorschein. Nissen schickt „Mais oui – comme ça" ans Ruder, nimmt den Kolben heraus, stellt fest, daß er in Ordnung ist, bewegt den Schwengel: das gleiche negative Ergebnis.

„Der Ansaugstutzen muß verstopft sein!"
„Man muß ihn saubermachen!"
„Klar, aber es steht schon eineinhalb Meter Wasser in der Bilge. Wie soll man da rankommen?"
Es blieb nichts übrig, als ein paar Tonnen schmutziges Wasser mit Eimern auszupützen. Der Kommandant ruft die Besatzung zum Manöver, ohne den geringsten Erfolg. Niemand rührt sich. Er kehrt mit einer Pistole in der Hand zurück und bedroht die Männer als Kapitän und Stellvertreter Gottes. Der Erfolg ist Null. Er besteht nicht weiter auf seinem Befehl. Er weiß, daß der Tod für einen Seekranken seinen Schrecken verloren hat. Er steckt also seine P 38 wieder in die Tasche und verspricht statt dessen eine dreifache Ration Wein. Das bringt Le Glouadec auf die Beine.

Mit festgelaschtem Ruder liegt ANNI BRAZ BIHEM auf Kurs. Der Seegang ist jetzt, bei Windstärke 10, sehr schwer geworden. Helmuth hält sich unten am Fuß der Leiter, schöpft und gibt den vollen Eimer an „Mais oui – comme ça" weiter, der ihn an den Funker weiterreicht, der Funker reicht ihn dem Kommandanten, der das Wasser, oder vielmehr das, was übrig ist, über Bord hievt. Das Schiff arbeitet derartig, daß der Eimer auf seinem Weg nach oben die Hälfte seines Inhalts verliert, und jeder der Männer be-

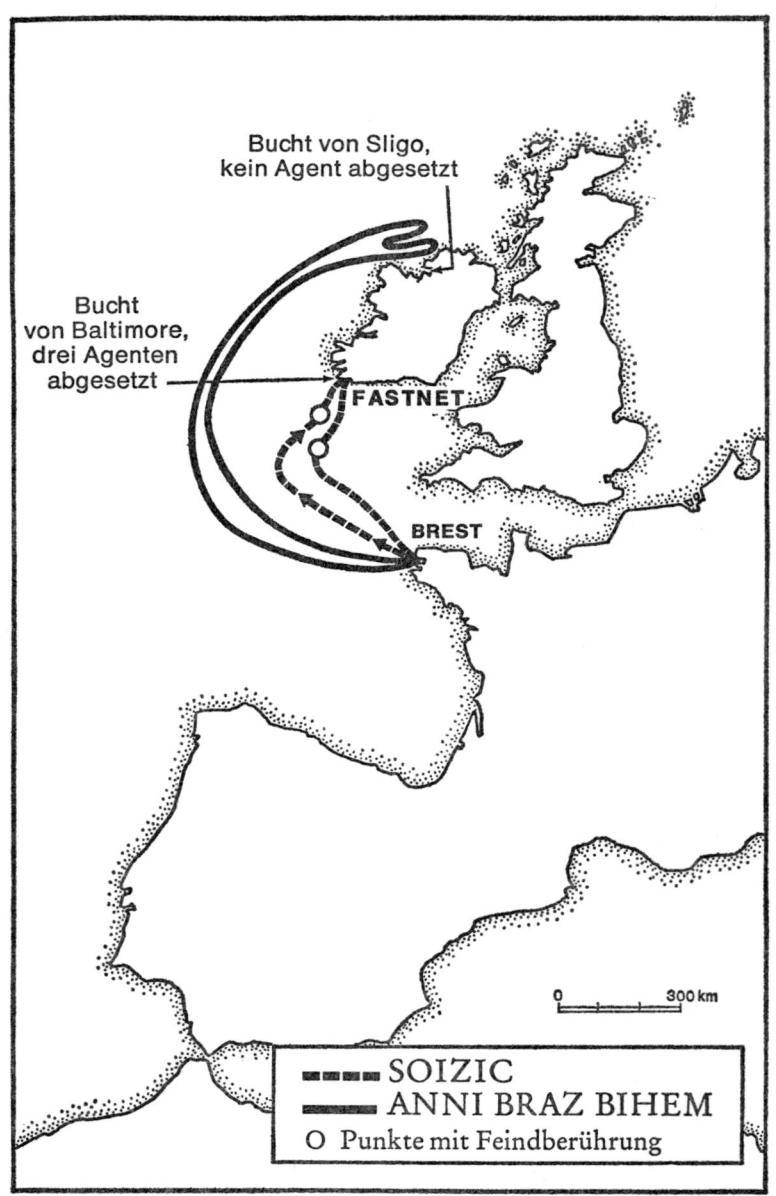

kommt einen Teil seines Inhalts auf Kopf und Schultern. Helmuth singt, um sich Mut zu machen: „Schön ist das Meer ..."
Christian Nissen antwortet ihm: „Die Seefahrt unter Segeln ... ist das Allerallerschönste!"
Dann kann der Deutsch-Ire der Übelkeit nicht mehr widerstehen. Er übernimmt den Platz des Kommandanten, um ihr zuvorzukommen.
„Mais oui – comme ça" ist an der untersten Stelle der Kette. Aber nicht lange! Der pestilenzialische Gestank der Bilge überwältigt auch ihn! Nissen ersetzt ihn, muß aber auch klein beigeben und spuckt zum Gotterbarmen. Da er seit 24 Stunden nichts als ein Hühnerbein gegessen hat, bricht er nichts als Galle aus, deren scharfer Gestank sich mit dem des Gasöls mischt. Schließlich zeigt sich, daß der Funker in den giftigen Gasen der Bilge am längsten aushält. Auch Le Glouadec steht seinen Mann. Vielleicht liegt das daran, daß er seit 24 Stunden sich mehr bekreuzigt hat als je zuvor, vielleicht auch, daß er sich seit dem frühen Morgen die Weinration eines „Schwerarbeiters" für einen Monat eingeflößt hat. Jedenfalls macht er seine Sache gut, bis er schließlich, endgültig blau, dem Logis zusteuert.
Sie arbeiten die ganze Nacht hindurch unter mehr als unerfreulichen Umständen. Im Morgengrauen steht nur noch ein halber Meter Wasser im Schiff. Helmuth taucht in die Bilge, in der Eisstücke aus dem Kühlraum schwimmen. Er holt eine ganze Drecklladung heraus: Lumpen, Strümpfe, Mützen, lauter Zeug, das den Ansaugstutzen der Pumpe verstopft hat.
„Diese verdammten Fischer haben an der Pumpe und vielleicht auch am Motor Sabotage getrieben. Und ich habe Mitleid mit ihnen gehabt!" schimpfte der Kommandant. „Ich hätte ihnen nie die Erlaubnis geben dürfen, noch einmal an Bord zu kommen! In Kriegszeiten ist Barmherzigkeit fehl am Platze!"*
Immer noch war das Ruder festgelascht, und die ANNI BRAZ BIHEM steuerte sich selbst. Vollkommen erschöpft von der nächtlichen Arbeit fielen Besatzung und Passagiere auf ihre Kojen. Nissen übernahm die Wache. Er trug jetzt trockenes Zeug und saß warm und

---

* Wir haben 1973 in Douarnenez mit M. Henri Hélias, dem damaligen Besitzer der ANNI BRAZ BIHEM, gesprochen. Er erklärte, er hätte nie die Absicht gehabt, das Schiff durch Sabotage zu behindern. Es ist gut zu wissen, daß weder M. Hélias noch M. Marzin von der SOIZIC später versucht haben, diese Dinge auszunutzen. Als Résistance hätten sie ihnen Geld und Wertschätzung eingebracht ...

bequem im Ruderhaus, geschützt vor Regen und Gischt, die über das Boot hinwegfegten. Er dachte über die Lage nach. Innerhalb der 100-Faden-Linie, von der er sich gut frei hielt, baute sich eine riesige, steile Grundsee auf. Der Atlantik steigt hier von vielen tausend Metern Tiefe jäh auf weniger als 200 Meter. Die riesigen Wellen, die von Amerika bis Irland nichts aufgehalten hat, werden schlagartig abgebremst und steilen hoch in gefährlichen brechenden Kämmen. Bei diesem Wind, der mit Stärke 10 aus Nordwest blies, war es ausgeschlossen, anders als beigedreht zu liegen. Es war unmöglich, sich der irischen Küste zu nähern, statt sie, wie eben jetzt, zu fliehen. Mit einigen „Wenn" wäre es anders gewesen. Wenn er mit der Maschine arbeiten könnte! Wenn er eine Besatzung hätte, mit der es sich so manövrieren ließe wie mit den früheren Besatzungen atlantischer Überquerungen! Warum um alles in der Welt hatte ihm das Marinekommando diesen Schrott von Arbeitslosen der Heuerstelle geschickt? Sabotage? Unfähigkeit? Dummheit von Beamten? ... Vor dem Kriege hatten er und seine Kameraden für die Atlantikreisen sieben bis acht aus Hunderten von Bewerbern ausgesiebt. Was war aus Hein Garbers, Kutscha, Temme geworden, aus seinem Namensvetter Age Nissen, der ein ebenso guter Künstler wie Navigator war? Wenn er nur zwei von diesen Männern hätte, würde er keine Sekunde zögern, selbst bei diesem Sturm in die Sligo-Bucht einzulaufen, auch ohne Motor. Aber vom seglerischen Standpunkt aus gesehen, war er jetzt allein an Bord. Im Geiste schickte er die ganze Kriegsmarine in Brest zum Teufel, den Großadmiral dazu. Er wußte nicht, daß Raeder seine Segelkameraden bereits zusammengefaßt hatte, um ihnen ähnliche Unternehmungen wie seine anzuvertrauen. Er wußte nicht, daß er bald seine Verwünschungen zurücknehmen mußte, daß er sich bald ebendiesen Kameraden zugesellen würde, um eine in der ganzen Welt einzigartige Besatzung zu vervollständigen.

*

Graue Wolken. Grünes Meer. Die feierlich heranrauschenden Wellenberge passieren einer nach dem anderen in Höhe des Schanzkleids, entfernen sich. ANNI BRAZ BIHEM fällt in ein Wellental, das glasig aussieht wie geschmolzene Lava. Der Wind knallt böse in die paar Segelfetzen, die Nissen stehengelassen hat, um manövrierfähig zu bleiben, um sich nicht auf die irische Küste drücken zu lassen,

die er etwa hundert Seemeilen entfernt im Osten vermutet, fast auf der Breite von Sligo. Er liegt seit einer Woche beigedreht und hofft auf eine Wetterbesserung, die es ihm ermöglichen wird, sich dieser gefährlichen Küste zu nähern. Vergebliche Hoffnung. Vergebliches Warten. Das Wetter der herbstlichen Tagundnachtgleiche entwickelt sich weiter.
Es ist unmöglich, die Besatzung aus ihrer Reglosigkeit zu erwecken. Abgesehen von Helmuth, dem mürrischen Dänen und von „Mais oui – comme ça" sind die Männer wie hypnotisiert von den Wellen, sobald sie sich an Deck blicken lassen. Aber wenn auch Hein Mück diesen schweren Sturm, der seine Mission gefährdet, verflucht, so ist doch Christian Nissen davon verzaubert. Er liebt die See, wenn sie wild ist und ihre Kräfte zeigt. Sein starker Wille findet in ihr einen Gegner, aber er sieht in ihr keinen Feind. Der Feind ist und bleibt der Engländer. Immerhin schützen ihn die schlechte Sicht, die kurzen Tage und die Breiten, auf denen er fährt, vor unliebsamen Begegnungen, wie er sie damals vor drei Monaten mit den Kreuzern hatte. Er würde gerne wochenlang in diesen hohen Breiten beigedreht liegen und in der Erinnerung an früher durchgemachte Stürme am festgelaschten Ruder der ANNI BRAZ BIHEM sitzen. Solche Erinnerungen riefen manchmal die Entbehrungen zurück, manchmal beschworen sie unendlich erscheinendes Leiden, manchmal Ängste.
Unglücklicherweise kann der von der Abwehr eingesetzte Kommandant Mück nicht beliebig lange den Kommandanten Nissen auf seine Kosten Stürme abreiten lassen. Die Frage, die sich an den einen wie den anderen stellte, war höchst einfach: Kann das Unternehmen weitergeführt werden, oder muß aufgegeben werden? Schließlich siegt die Vernunft: Es ist besser, mit gesenktem Kopf nach Brest zurückzukehren, als Kopf und Kragen an der irischen Küste zu verlieren. Segler und Soldat einigen sich. Nach weiteren 24 Stunden Abwarten wird auf Heimatkurs gedreht, diesmal vor einem Nordwester, der um so handiger wird, je weiter das Schiff nach Süden kommt.
Hundert Meilen nordwestlich von Ouessant, vor dem Englischen Kanal, tritt das gefürchtete Zusammentreffen ein. „Mais oui – comme ça" sieht als erster eine Bugwelle, die zu einem winzigen, aber schnellen Fahrzeug gehört, das nun Kurs auf den Segler nimmt.

„Alles klar zum Versenken", sagt Helmuth, nachdem er das mit Blei beschwerte Funkmaterial und den Sprengstoff an Deck auf die dem Feind abgewandte Seite gebracht hat. Hein Mück läßt sein Glas sinken und erklärt:

„Ein schnelles Patrouillenboot!"

Das Fahrzeug nähert sich mit äußerster Fahrt; in seinem Kielwasser sieht man Katarakte weißen Schaums. Das Signal „Stoppen Sie sofort!" geht im Topp des kurzen Mastes hoch. Hein Mück ist wütend, als er beidreht. Hat es sich gelohnt, den Teufel im Angesicht von Sligo nicht weiter herauszufordern, wenn man hier, 100 Meilen vor Brest, zum Schluß doch noch geschnappt wird? Dazu mit einem voll intakten Schiff?

Aber er verschluckt den Befehl, den er gerade dem Agenten zum Versenken der Säcke geben will. Denn das Fahrzeug setzt jetzt – die Flagge der Kriegsmarine!

Es kommt inzwischen an Steuerbord auf, verlangsamt seine Fahrt und stoppt. In einem Boot nähert sich das Untersuchungskommando, sechs bis an die Zähne bewaffnete Matrosen unter dem Kommando eines jugendlichen Leutnants. Sie stürzen sich auf ANNI BRAZ BIHEM in einem Stil, der Hein Mück, der immer noch von dem Ereignis erschüttert ist, sicher amüsiert hätte, kennte er nicht die Neigung von Maschinenpistolen, jäh ihre todbringenden Garben sprühen zu lassen.

„Wer sind Sie? Woher? Wohin? Papiere!"

Der Leutnant geht in das Ruderhaus und kontrolliert die Besatzungsliste ... französischer Besitzer ... französische Seeleute ... ein Thunfischfänger, ausgerüstet zum Hochseefang ...

„Kein Logbuch? Warum?"

„Schreiben macht mich müde", erwidert Hein Mück, der seine gute Laune wiedergefunden hat.

In Wirklichkeit führt er aus Sicherheitsgründen kein Logbuch und gibt seine Meldungen nicht der Marine, sondern unmittelbar der Abwehr. Der Leutnant runzelt die Stirn ... Dieser Chef eines französischen Fischkutters, der fehlerfrei Deutsch spricht, erscheint ihm mit jedem Augenblick verdächtiger. Die Untersuchung wird härter. Die Matrosen halten der Besatzung ihre Maschinenpistolen unter die Nase. „Sie werden bis Cherbourg hinter uns herfahren", erklärt der Leutnant.

1937 wurde die Soizic *im Hafen von Camaret gebaut.*

Vor dem Krieg herrscht unbekümmerte Fröhlichkeit an Bord.

Schiffsname: Soizic
Reederei: Th. André-Croizer Paris
Heimathafen: Camaret s/mer
Schiffsart: Segelyacht mit Hilfsmotor
Unterscb. Sign.:

Abmessungen:
B. R. T.: 38,54   N. R. T.: 21,44
netto cbm:
Tragf. inkl. Bunker
Länge: 14,82   m Breite: 5,40   m
Tiefg. leer: m, bel.: 2,65   m
Anzahl der Decks:
Zwischendeckshöhen: m

Baudaten:
Baujahr: 1937
Bauwerft:
Baumaterial: Holz
Seefähigkeit:
Klasse:

Deckseinrichtungen:
Masten; Zahl, Art, Höhe:
Lukenanzahl:
Größe der Luke I:
Größe der Luke II: m
Größe der Luke III: m
Größe der Luke IV: m
Größe der Luke V: m
Größe der Luke VI: m
Ladebäume: Zahl und Tragfähigkeit:
bei Luke I: zu   t
bei Luke II: zu   t
bei Luke III: zu   t
bei Luke IV: zu   t
bei Luke V: zu   t
bei Luke VI: zu   t
Krane bei Luke   Tragf.:   t
Krane bei Luke   Tragf.:   t
Frischwasservorrat:
Trinkwasser: t
Speisewasser: t
Wasserballast in Doppelbodentanks: t

Zahl, Arbeitsfähigkeit der Winden:
bei Luke I: t
bei Luke II: t
bei Luke III: t
bei Luke IV: t
bei Luke V: t
bei Luke VI: t
Fahrgasteinrichtung:
1. Kl.:   Kammern zu   Betten
2. Kl.:   Kammern zu   Betten
3. Kl.:   Kammern zu   Betten
Einheitsklasse:
Vorhandene Schlafplätze — Schlepper, Motorboote und Leichter — für   Personen
Weitere Unterbringungsmöglichkeit für   Personen

Maschine:
Art der Maschine: Motor (Baudouin)
Zahl der Schrauben: 1 Zyl.
Zahl der Kessel:
Baujahr der Kessel: 1937
Hilfskessel:
Brennstoffart: Gasöl

Art des Drucklagers:
PS: 45/55
Geschwindigkeit: leer: sm
Geschwindigkeit: bel.:   sm
E.-Maschine: Zahl:
Spannung: Volt, Leistung,:   Amp.
Scheinwerfer: Zahl: ⌀
mit / ohne Signaleinrichtung:
Zahl der Akkumulatoren: und Amp.-Std.:
FT-Anlage: System:
Art des Gerätes:
Reichweite bei Tage: sm, Nacht: sm
FT-Rufzeichen:
Bunkerinhalt:
Feste Bunker: t, Reserve: t
Brennstoffverbrauch:
für 1 Seetag: t, 1 Hafentag: t
(Motorboote) für Betriebsstunde   kg
Aktionsradius mit Reservebunker: sm
Aktionsradius ohne Reservebunker: sm

M.Yacht Soizic

Die Spur, die S<small>OIZIC</small> *in den Archiven des Dritten Reiches hinterließ.*

Das Geisterschiff Anni Braz Bihem.

Das Geisterschiff Kyloe *bei Niedrigwasser in Paimpol.*

Der 22,10 m lange Kutter KYLOE, *eine in England gebaute französische Yacht, die 1940 als Geisterschiff Hitlers Dienst tun mußte.*

KYLOE *bei rauschender Fahrt vor dem Wind auf dem Wege südwärts.*

Zwei von der KYLOE-*Besatzung:
Hein Garbers, der später selbst
ein Geisterschiff führt (links) und
Age Nissen, der Painter.*

Robby Leibbrandt während der Überfahrt an Bord der KYLOE.

Die Agentenrolle ist ausgespielt:
Leibbrandt nach seiner Verhaftung in Südafrika.

Unterwegs gibt es immer etwas zu tun: Das Bergen des Trysegels nach schwerem Wetter –

– die KYLOE*-Besatzung auf Schildkröten-Jagd zur Aufbesserung des Speiseplans.*

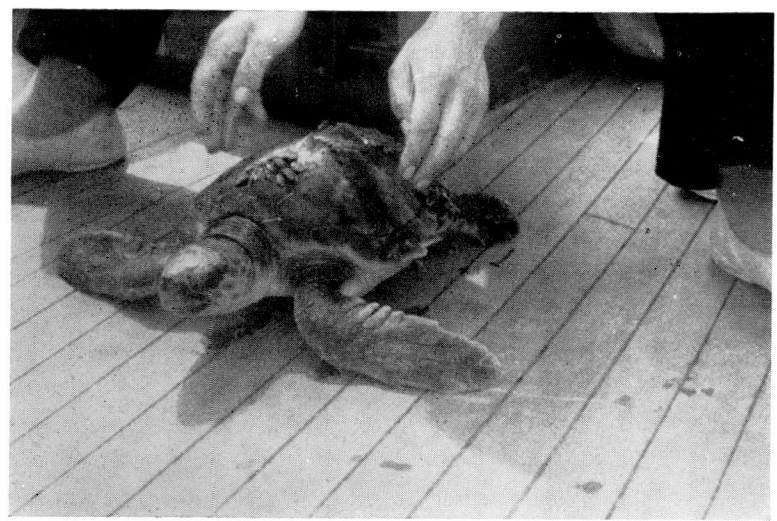

Als ein paar Schildkröten schließlich an Deck sind, ergeben sich Schwierigkeiten, sie in den Topf zu kriegen.

Auch der Fischfang ist eine lohnende Abwechslung. Hein Garbers präsentiert seine Beute. Rechts im Bild der „Passagier" Emil.

Eine Spannweite von 2,10 m hat dieser Vogel, dem vorsichtshalber der Schnabel zugebunden wurde.

KYLOE-*Skipper Hein Mück bessert Segel aus und faßt dabei bedeutsame Entschlüsse.*

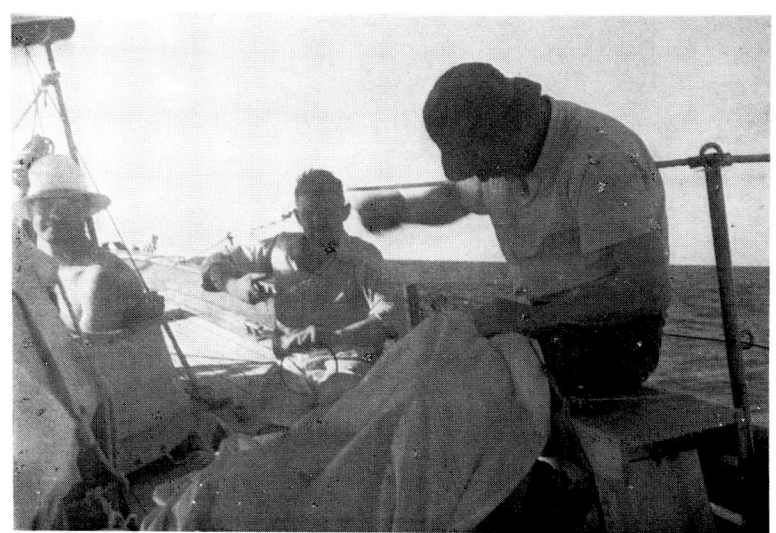

Äquatortaufe auf der KYLOE. *Neptun (Paul Temme, Bildmitte) wird vom Skipper begrüßt.*

Ein Täufling reicht Neptun artig die Hand

Bei solchem Wetter ist die Gefahr des Entdecktwerdens für KYLOE *am geringsten. Auf dem unteren Bild ist eines der an Deck festgezurrten Rotweinfässer zu sehen. Am Ruder steht der Smutje Karl Hamann.*

Auch Flautentage haben ihr Gutes. Sie dienen sowohl der Instandhaltung der Takelage als auch gelegentlich dem süßen Nichtstun.

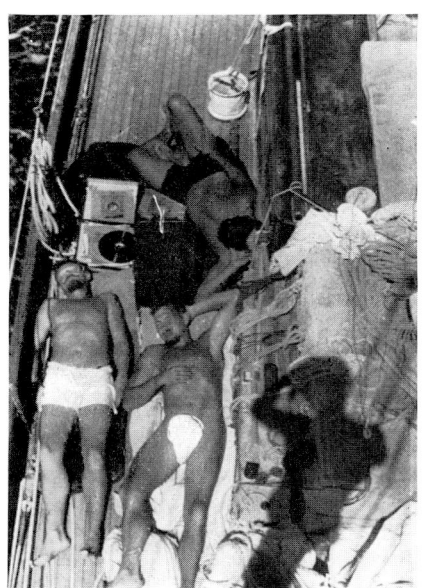

Von Hajo Kutscha stammen die hier gezeigten Fotos der KYLOE*-Reise.*

Dieser englische Dampfer kam bis auf Rufweite an KYLOE heran. Mit „Three Cheers of Roosevelt" verabschiedete er sich.

Ein unerkanntes Schiff, das aber auch gute Reise wünschte. Vielleicht ein deutscher Hilfskreuzer?

Erleichtertes Aufatmen an Deck der KYLOE nach solchen aufregenden Begegnungen.

Die Ankerwinsch der KYLOE *wird überholt. Sie soll nach fast vier Monaten zum erstenmal wieder benutzt werden.*

Buntes Leben in Villa Cisneros. Die KYLOE-*Besatzung wartet hier auf den Rückflug nach Deutschland.*

Zeitvertreib in Villa Cisneros: Der Painter bei einem morgendlichen Ausritt.

Die Yacht PASSIM in den Archiven des Dritten Reiches.

Das Geisterschiff Passim, *geführt von Hein Garbers (rechts), der niemals militärisch richtig grüßen lernte, aber als einziger Segler mit dem Ritterkreuz ausgezeichnet wurde.*

„Mein Heimathafen ist Brest", widerspricht der Skipper der ANNI BRAZ BIHEM.
„Das ist mir egal!"
„Mein Motor ist defekt!"
„Ich werde Sie in Schlepp nehmen!"
Hein Mück zuckt mit den Schultern.
„Sie sollten lieber erst mal von Brest über Funk Anweisungen einholen!"
Er gibt ihm eine Code-Nummer. Der Leutnant zögert, aber dann beschließt er, auf sein Boot zurückzukehren, nachdem er in den Säcken Helmuths Material deutscher Herkunft erkannt hat. Die Matrosen bleiben an Bord, feindselig und eisig. Das Eis beginnt erst zu schmelzen, als Hein Mück anfängt von Bremen, Kiel und Helgoland zu sprechen. Es schmilzt vollends, als er eine Flasche Kognak und eine Flasche Grand Marnier aufmacht. Vier Stunden später nimmt ein höchst angeregter Signalgast den Befehl auf, die ANNI BRAZ BIHEM ihre Fahrt fortsetzen zu lassen.
„Großsegel setzen!"
Das Versprechen einer Brotzeit und einer Extraration Wein erlöst die Besatzung aus ihrer Starre und ihren Ängsten. Das Wetter ist handiger geworden. Um alles Zeug zu setzen, das sich bei dem Wind tragen läßt, werden nur noch zwei Stunden anstelle der fünf benötigt, als vor drei Wochen die ANNI BRAZ BIHEM Segelschulschiff war!
Am nächsten Tag wird nachmittags die Reede von Brest erreicht. Christian Nissen steht am Ruder. Er hat angesichts des gescheiterten Unternehmens ein Gefühl der Leere in sich. Unberührt davon bleibt die lustige und eindrucksvolle Erinnerung an die 15 Sturmtage. Lustig bei dem Gedanken an den kleinen Kohlentrimmer „Mais oui – comme ça", der brav gekämpft hat, um sich eines gefährlichen Lebens würdig zu erweisen. Eindrucksvoll durch die Erinnerung an ein tapferes französisches Schiff, das so aussah, als könnte es sich nicht eine Stunde gegen das wild tobende Meer behaupten, gegen das Heulen einer Welt, die nur noch aus Böen, Gischt und grünem Wasser zu bestehen schien, und das trotzdem überlebte.

III.

KYLOE 1941

Ein paar Wochen nach Abschluß der Abenteuer mit der Anni Braz Bihem, dem unfreiwilligen Segelschulschiff, wird sein Kommandant nach Berlin befohlen. Der Oberst Lahousen, der im Augenblick Chef der Abwehr II ist, empfängt ihn in einer unscheinbaren Villa in Wannsee. Einige Offiziere der Marine nehmen an der Sitzung teil. Ein kalter Nordwind stößt gegen die Fenster, die ein letzter Sonnenstrahl vergoldet. Die Seen in der Ferne zittern vor Kälte, obgleich sie von wärmenden Betten schwarzer Fichten eingehüllt sind. Nissen kennt Lahousen bereits als wohlgesinnten Vorgesetzten, aber er fragt sich mit gewisser Besorgnis, ob die Offiziere, die ihn anschauen, da sind, um ihn wegen seines Versagens vor Sligo zu richten. Ihre verschlossenen Gesichtszüge können ebensogut auf Gleichgültigkeit beruhen wie auf dem Wunsch, ihn vor ein Kriegsgericht stellen zu lassen. Er bereitet in Gedanken seine Verteidigung vor.
Kognak und Nuits-Saint-Georges, Käsebiskuits und Radieschen. Christian Nissen, der die Welt der Feinschmecker kennt, lächelt.
Lahousen sagt:
„Ich habe Sie kommen lassen, damit wir mit den hier anwesenden Herren der Marine neue Pläne für längere Kreuzfahrten studieren können. Unser Dienst möchte wissen, ob ein kleines Segelboot ohne Halt von Europa nach Amerika oder Südafrika fahren könnte."
Christian Nissen zögert keinen Augenblick.
„Mit einem gut ausgewählten Boot, das gut ausgerüstet ist, und einer auf langen Reisen erfahrenen Besatzung geht es."
Lahousen wendet sich an die Offiziere der Kriegsmarine und richtet die gleiche Frage an sie.
„Ausgeschlossen", antwortet der Kapitän z. S. Menzel, der die Seekriegsleitung bei der Abwehr vertritt. „Ein kleines Segelboot kann keine Vorräte für sechs Monate an Bord nehmen."
„Das ist ganz meine Meinung", unterstützt ihn der Kapitän eines Transatlantikpassagierschiffes, der seit Kriegsausbruch in Berlin Dienst tut.
Christian Nissen ist erleichtert, weil er jetzt weiß, daß die Runde ihm wegen seines kürzlichen Mißerfolges nicht ans Leder will. Er erklärt mit einer Sicherheit, die trotz allem nicht ohne Respekt für die Ärmelstreifen seiner Gesprächspartner ist:
„1935 nahm mein Freund Kapitän Schlimbach mit seiner kleinen

Yacht STÖRTEBECKER III an der Transatlantik-Regatta von Nordamerika nach Norwegen teil. Ich habe mich damals um die Ausrüstung gekümmert. Nach 30 Tagen erklärten viele Zeitungen, wir wären verschollen, verhungert und verdurstet. Als wir nach 35 Tagen als letztes Boot in Bergen ankamen, bekam Schlimbach Wutanfälle, als er diese Zeitungen zu Gesicht bekam, die man ihm an Bord gebracht hatte. Ich ließ die Reporter in die Kombüse kommen und ließ sie die Vorräte sehen, um klarzustellen, daß wir mit unserer Ausrüstung ohne weiteres nach New York zurücksegeln konnten, ohne auch nur ein Gramm Lebensmittel an Bord zu nehmen, wenn wir gewollt hätten."
Der Handelsschiffmann fragt: „Auch Wasser?"
„Selbst Wasser."
„Schön, 35 Tage auf See", wirft Kapitän Menzel ein. „Vielleicht auch 60. Aber ich kann doch wohl annehmen, daß Sie nicht zum La Plata oder zum Kap der Guten Hoffnung in 60 Tagen segeln wollen?"
„Selbstverständlich nicht, Herr Kapitän! Aber ich bin ganz sicher, daß man auf eine Yacht von 30 Tonnen ausreichend Lebensmittel für sechs Monate Segelzeit laden kann."
„Und Segel? Wieviel Stell brauchen Sie?"
„Nur ein Stell, wenn ich mit neuen Segeln starte und man einen oder zwei gute Segelmacher einschifft."
„Wenn Sie die finden!"
„Unter den Elbeseglern habe ich jede Auswahl!"
„Und wo finden Sie einen Kommandanten, der für eine derartige Fahrt in Frage kommt? Der in der Lage ist, den Versuchen der Engländer zuvorzukommen, das Boot abzufangen? Für ein solches Unternehmen kommt doch wohl nur ein Seeoffizier in Frage."
Ein wenig verbittert, weil niemand an ihn denkt, ausgenommen vielleicht Lahousen, macht Nissen sich stark, schüttelt den Kopf und sagt:
„In Deutschland haben wir nicht so viele Hochseesegler wie in England, aber immerhin gibt es auch hier eine ganze Menge Skipper, die solche Unternehmungen durchführen könnten. Ich schlage Ihnen Heinrich Garbers vor."
„Aber er hat kein Kapitänspatent auf Großer Fahrt", wandte der Handelsschiffskapitän ein.
„Das ist richtig, aber immerhin hat er 1938 mit Erfolg auf der

kleinen WINDSPIEL III den Nordatlantik erfolgreich einhand überquert. Welcher Patentinhaber könnte das?"
Die Frage ist wie ein kalter Wind in diesem illustren, goldbetreßten Kreis. Die alte Animosität zwischen Segel und Dampf wird spürbar. Unfreundliche Blicke verweilen auf Christian Nissen, während Oberst Lahousen wie zu sich selbst murmelt:
„Immerhin gibt der Führer Leuten mit Phantasie, gutem Urteil und Mut den Vorzug gegenüber reinen Spezialisten..."
Ein Engel geht durch das Zimmer. Niemand sagt etwas. Die Gläser werden geleert. Nach einigen Minuten nimmt einer der Offiziere der Kriegsmarine die Unterhaltung wieder auf.
„Warum fordert die Abwehr nicht den Einsatz von U-Booten für derartig weite Fahrten?"
Lahousen erwidert:
„Alle U-Boote werden an der Atlantikfront gebraucht. Es ist außerdem sparsamer in Menschen und Material, sechs Seeleute und eine Yacht zu verlieren, die gegenüber den Millionen, die ein U-Boot kostet, überhaupt nicht ins Gewicht fallen."
„Im übrigen, meine Herren, bin ich, als ich Sie zu dieser Konferenz gebeten habe, einer vom Führer persönlich gekommenen Anordnung gefolgt. Der Führer selbst hat den taktischen Einsatz von Segelbooten geplant. Ich sehe darin eine ideale Mischung kühnster Planung und realistischer Vorsicht. Die Bildung einer Flotte von getarnt operierenden Segelschiffen ist in der Seekriegsgeschichte etwas völlig Neues. Aber der Führer ist selbst seemännisch unerfahren. Er will von den Seeleuten die Grenzen der Einsatzmöglichkeit erfahren. Ich bin beauftragt, die Vertreter der Kriegsmarine zu bitten, eine schriftliche Stellungnahme zur Vorlage im Führerhauptquartier aufzusetzen."
Ein paar Tage später lag der Bericht vor. Er stellte fest, das Projekt sei „vom seemännischen Standpunkt aus undurchführbar". Er lehnte in jeder Weise Christian Nissen ab, der weder den Gesamtüberblick noch die zur Durchführung notwendige Erfahrung und Befähigung habe. Ganz offensichtlich war es Nissen nicht gelungen, die Herren von der Seekriegsleitung zu überzeugen.
Nach einem Monat holte man ihn wieder nach Berlin. Lahousen empfing ihn wohlwollend.
„Wie immer", sagte er lächelnd, „hat sich der Führer gegen den

Rat der ‚Experten' entschieden. Die Fernunternehmungen sind genehmigt. Sie haben mir Heinrich Garbers für das Südafrikaunternehmen vorgeschlagen. Aber warum eigentlich sollten Sie das nicht selbst machen?"
Christian Nissen durchlief ein Schauer. Wieder winkte ihm die offene See. Nun, ein Schiff, auch mit nur einem Seemann, nach Irland zu bringen, einem Herbststurm mit einer ausgefallenen Besatzung zu trotzen, das war eine Sache. Aber mit einem Segelboot ohne Zwischenhafen zum Kap der Guten Hoffnung zu fahren, ohne Versorgung auch auf See und unter dem ständigen Zwang, der englischen Überwachung zu entgehen, das war etwas ganz anderes. Es handelte sich hierbei um ein höchst ernst zu nehmendes Unternehmen, um eines, bei dem voller Einsatz notwendig war.
„Ich mache das", erwiderte er voller Begeisterung, „aber ich brauche absolute Vollmachten, um das Boot und um die Besatzung auszuwählen und um die Ausrüstung vorzunehmen."
„Genehmigt! Wir wünschen nur, daß die Unternehmung so schnell wie möglich auf die Beine gestellt wird."
Christian Nissen fuhr noch am gleichen Abend nach Kiel. Er war seiner Sache sicher, denn er wußte genau, was er wollte. Er wußte auch, wen er dazu heranholen würde. Er war kein Freund des Krieges, aber jetzt sah er in ihm einen Wohltäter mit unbegrenzten Möglichkeiten. Er würde auch diesmal nicht einer der Kommandanten sein, die mit schwerem Herzen aus dem Hafen ausliefen. Der Krieg bot ihm die Möglichkeit zu einer Kreuzfahrt, die an hochgesteckten Erwartungen, aber auch an Gefahren ihresgleichen suchte. Er würde niemals wieder eine solche Chance haben, vorausgesetzt, er überlebte, was ja noch keineswegs sicher war. Die Abwehr wollte, daß er zu einem bestimmten Zeitpunkt zwei Agenten an der Westküste Südafrikas absetzte, in Höhe der „Twins", zweier hochragender Felsen in einer Seemeile Abstand von Land im Norden der Lambert-Bucht, nördlich von Kapstadt. Er würde mindestens 11 000 Seemeilen hin und zurück segeln müssen.
An Land hat sich seit seiner Rückkehr von der Atlantiküberquerung mit Schlimbach allerlei geändert. Der Ozean aber würde wie immer sein, mit seinen Stürmen, seinen Windstillen, mit seinen herrischen Westwinden, mit den bösartigen Ostwinden, mit den ruhigen Nächten, in denen man seinen Gedanken nachhängen konn-

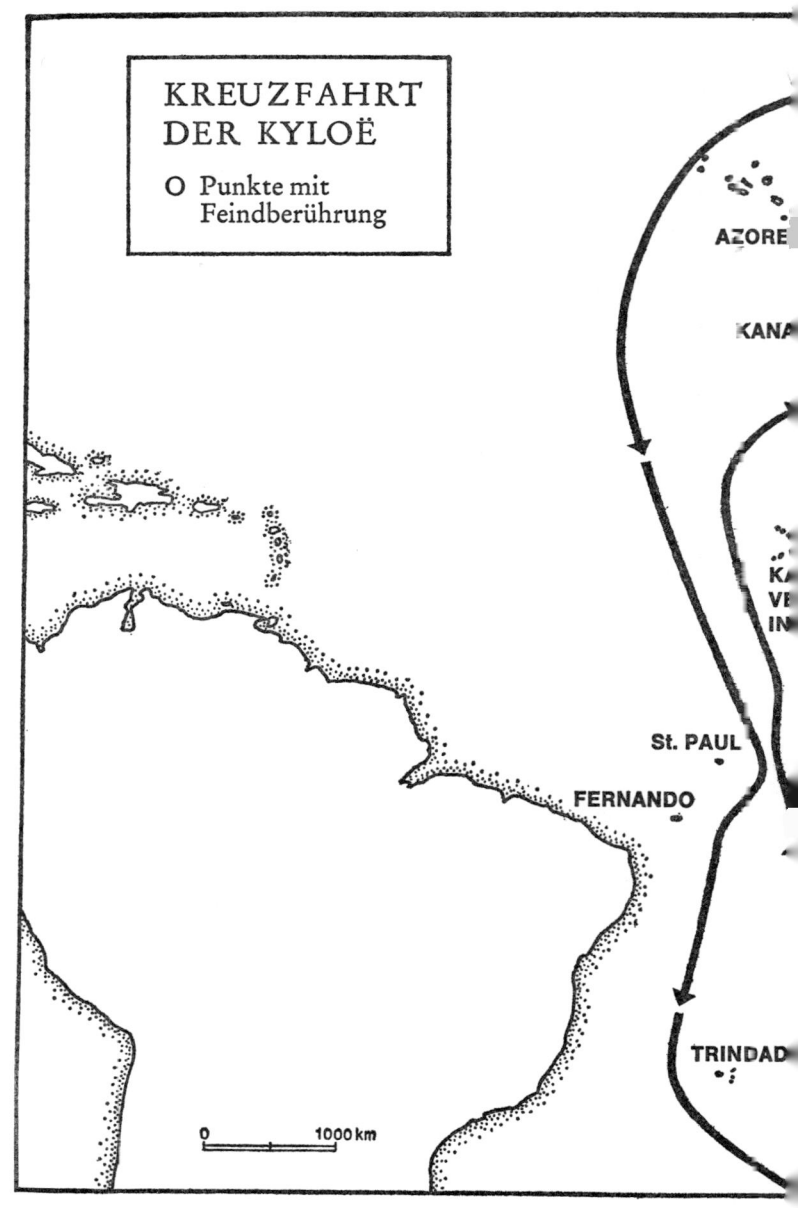

te, und den wilden Nächten des Kampfes mit den Elementen. Das Unternehmen, dessen Durchführung man ihm anvertraut, interessiert ihn politisch genausowenig wie die vorhergehenden, aber für den Yachtsegler ist es eine ungeahnte Herausforderung. Er weiß, daß jedes Segeln, ganz gleich auf welchem Meer und zu welcher Zeit, kein Handwerk ist, sondern eine Kunst. Hier bietet sich ihm die größte Chance seines Lebens, sich als großer Künstler zu erweisen, um den Krieg in einen Kampf gegen etwas unendlich Gewaltiges zu verwandeln, wobei der Ausgang in der Hand der Götter liegt.

*

Nissen rechnete sich aus, daß es höchstens das Mißtrauen der Engländer wecken würde, wenn er mit einem als portugiesischen Thunfänger getarnten Boot in der südlichen Halbkugel auftauchen würde. Er wollte statt dessen eine richtige Yacht, um die Rolle eines nordamerikanischen Millionärs spielen zu können, der trotz Krieg auf hoher See herumkreuzte und damit einen Starrsinn bewies, der ein Produkt protestantischen Sektierertums sein konnte.
In Deutschland gab es eine ganze Menge dafür passende Schiffe. Er begab sich zur Elbchaussee, denn er dachte an DIRK III und kannte gut seinen Besitzer, Hans Domizlaff. Er brachte ihm den Zweck seines Besuches schonend bei.
„Ich würde dir das Schiff in Friedenszeiten gern zur Verfügung stellen", sagte Domizlaff. „Wenn du jetzt damit im Nordmeer herumfährst, verlierst du es garantiert."
Was hätte er gesagt, wenn Nissen ihm die ganze Tragweite seines Unternehmens enthüllt hätte! Domizlaff fügte hinzu:
„Niemand von uns gibt dir sein Schiff! Warum läßt du nicht eine französische Yacht beschlagnahmen?"
Nissen bot ihm eine Players an. Die Zigaretten kamen aus Vorräten, die die Engländer in Dünkirchen zurückgelassen hatten. Das Etui aus massivem Silber, in dem sie steckten, machte Domizlaff neugierig.
„Wie hübsch", sagte er und betrachtete die Gravur aus vier Signalflaggen, die mit blauem, weißem und goldfarbenem Lack ausgelegt waren.
„Das ist doch das Unterscheidungssignal der LATIFA. Hast du das auch in Dünkirchen aufgepickt?"

„No, Sir! Mike Manson, der Kommodore des Royal Ocean Racing Club hat es mir geschenkt, nachdem ich mit ihm auf LATIFA gesegelt bin. Nach Bermuda."

„Du bist immer noch RORC-Mitglied?"

„Yes, Sir!"

Beide gingen ganz gern aus Spaß bei einem Gedankenaustausch zur englischen Sprache über, wenn sie über die sportlichen Wettkämpfe jenseits des Kanals sprachen, denn beide beherrschten diese Sprache vollkommen.

Die Konfrontation zwischen Engländern und Deutschen war Drama und Tragödie. Die Menschen, die sich gegenüberstanden, waren schließlich aus der gleichen Rasse hervorgegangen. Sie lebten beide auf dem gleichen Kontinent. Beide besaßen die gleiche Willenskraft und die gleiche Lust an Eroberungen. Heute standen sie sich in einem Kampf auf Leben und Tod gegenüber, statt sich zusammenzutun, um die Europa drohenden Gefahren abzuwenden, mochten diese nun von Rußland oder von Amerika kommen oder später, nach der doppelten Niederlage Englands und Deutschlands, von den Massen, die im fernen Asien heranreiften. Christian Nissen und der Kommodore Mike Manson konnten sich nicht mehr friedlich auf dem Meer treffen, auf dem sie doch einmal so gute Kameraden gewesen waren.

Das alles dachte Nissen und schloß mit einem Seufzer sein Zigarettenetui. Er sagte:

„Du hast eigentlich recht! Ich werde ein Boot in Frankreich beschlagnahmen, und dabei fällt mir ein: ein ganz bestimmtes englisches Boot!"

Der Freund mußte lachen.

„Du hast immer einen ganz besonderen Humor gehabt!"

Christian Nissen dachte an KYLOE. Es handelte sich um einen hochgetakelten Kutter mit 34 Tonnen Verdrängung, 22,10 Meter lang, 4,24 Meter breit, mit einem Tiefgang von 3,80 Metern. Der fast 30 Meter hohe Mast trug mit Fock, Klüver und Großsegel 180 qm Segelfläche, der Gardner Dieselhilfsmotor leistete 30 PS. Ein Funkpeiler war nicht an Bord. Nissen kannte das Boot, es war schnell und seetüchtig. 1938 hatte er es in der Seeregatta Cowes–Dinard gegen sich gehabt und hielt es für solider als die anderen englischen Boote, FIREBIRD oder MAID OF MALHAM. Bei seiner ersten Erkundung an der bretonischen Küste hatte er es in Paimpol gesehen, bevor er SOIZIC entdeckt hatte. Es war außer Dienst gestellt, gehörte einem Pariser Bankier, der nicht erst lange gefragt wurde, ob er bereit wäre, es der Abwehr zu leihen, wie Hans Domizlaff mit seiner DIRK III. Christian Nissen beschlagnahmte KYLOE am 25. November 1940.

*

Es dreht sich jetzt darum, das Boot auszurüsten und eine Besatzung anzumustern, ohne Fehler zu begehen wie bei SOIZIC und ANNI BRAZ BIHEM. Diese Aufgabe beanspruchte nicht weniger als vier Monate!
Zunächst einmal begibt sich Nissen wieder an die Elbe und die Weser. In der Werft von Ernst Burmester sucht er das Material zusammen, das an Bord genommen werden soll, und entdeckt dabei Karl Hamann, den Takler, der an Bord der ROLAND VON BREMEN den Atlantik in Ost-West-Richtung überquert hatte, um am Bermuda-Race teilzunehmen. Und an einem Morgen im Januar 1941, als Nissen ein paar Tage in Hamburg war, fuhr er mit der Baumwallfähre und traf zufällig Heinrich Garbers, den Einhand-Transatlantiksegler, den er der Abwehr als Kommandanten für das Unternehmen, das er jetzt leitete und das den Namen „Weißdorn" führte, vorgeschlagen hatte.
Garbers spazierte auf dem Nordkai hin und her und atmete mit Genuß die vom Meer kommende Luft mit ihrem Geruch nach Seetang ein. Er benutzte dazu eine Arbeitspause der Werft, in der er im technischen Zeichenbüro als Instrukteur arbeitete. Die beiden Segelkameraden begrüßten sich herzlich.
„Wie geht's dir, alter Junge?"
„Schlecht! Nicht mal ein Ruderboot als fahrbaren Untersatz!"
„Ich biete dir einen Untersatz! Hast du Lust einzusteigen, für eine ganz große Auslandsreise?"
Garbers fragt nicht erst lange. Nissen könnte ihm sowieso keine Antwort geben. Das Unternehmen „Weißdorn" unterliegt strengster Geheimhaltung. Garbers macht auf Verdacht mit. Dann holt sich Nissen ohne Aufhebens beim kleinen „Yacht Club Nordwest" neben einer Anzahl von Flaggen auch einen Mann, an den er schon gedacht hatte: Paul Temme, Berufsseemann und bekannter Navi-

gator auf Yachten in der Atlantiksegelei, der später als U-Boot-Fahrer fällt. Aus Berlin holt Nissen sich den ihm bekannten Atlantiksegler Hajo Kutscha. Ein paar Wochen darauf rekrutiert er seinen Namensvetter, Age Nissen, der ein ebenso guter Maler wie Navigator ist. Die beiden haben nicht nur den Familiennamen gemeinsam, sondern darüber hinaus ein paar tausend Seemeilen auf den Weltmeeren. Mit Kuddel Hamann, der es fertigbringt, einen Petroleumkocher auch bei schwerstem Wetter zur Bereitung einer warmen Mahlzeit in Gang zu setzen, ist die KYLOE-Besatzung vollzählig. Die Männer, die sie bilden, haben keine eindrucksvollen Diplome, beziehungsweise sie verlassen sich nicht auf sie, sondern auf ihre Segelerfahrung und ihre Liebe zur See.

*

Die Bucht von St. Malo. In der Ferne rollen die Wellen auf die gelben Strände. Man läßt Dinan querab, ein Haufen grauer Steine, Kirchtürme und Türmchen, die auf den Wällen über der Rance errichtet sind. Hier hat Nissen, der jetzt seinen Namen endgültig zugunsten von Hein Mück verloren hat, das erste Mal gegen KYLOE gekämpft. Heute muß ihm dieses englische Boot parieren.
Woher kommt dieser Name – KYLOE?
Sie diskutieren lange und kommen schließlich zu dem Ergebnis, es müsse sich um den Vornamen einer Frau handeln.
Nissen liebt die Bretagne, die wie ein großes Schiff vor der Küste liegt, das bereit ist, seine Leinen loszuwerfen, wenn der alte Kontinent es nicht mehr haben will. Die Bretagne, die von den Mittelmeeranliegern verachtet, von den Germanen nicht gekannt wird, so reich an allem, aber unfähig, es zur Geltung zu bringen! Wenn Christian Nissen an der Stelle des Führers wäre, würde er sofort die Unabhängigkeit der Bretagne proklamieren, denn es ist dies das Land der großen Seeleute und der großen Träumer, ganz wie er!
Die vorfrühlingshafte Landschaft entzückt ihn. Der Ginster bedeckt die Hügel, das Meer schillert, die Felsen sind grau wie die Dächer über den weißgekalkten Mauern. Es ist dies Irland, aber ein entwurzeltes Irland, ein französisches Irland, das seine traumhafte Vergangenheit gerne wiederaufnehmen möchte und es doch nicht wagt.
Von der Höhe der Hügel taucht der große Daimler hinab nach

Paimpol, gleitet durch die engen Straßen und hält am Hafen, wo die Fischer traurig auf das Meer hinausblicken, das sie nicht mehr befahren dürfen.

Die Insassen erblicken plötzlich KYLOE. Das Boot ist am Kai vertäut, aber ein wenig nach vornübergeneigt, denn der Hafen fällt trocken. Es wäre unmöglich, KYLOE mit einem anderen Schiff zu verwechseln. Der Kiel ist lang, rassig, edel gerundet, der Rumpf von eleganter Schönheit. Der Überhang verlängert ihn in harmonischer Weise. Das Heck ist schlank, ausladend, der Großmast steht weit vorn und beherrscht mit seiner Höhe die Dächer der umliegenden Häuser.

Lange vor Ankunft der Besatzung haben die Schiffszimmerleute, die Nissen organisiert hat, von der Yacht Besitz ergriffen. An Deck herrscht ein entsetzliches Durcheinander von Sägen, Hobeln, Schweißgerät. Unten ist es noch schlimmer, denn die Bodenbretter sind aufgenommen, und schmutziges Wasser plätschert in der Bilge. Die Besatzung macht sich an die Arbeit und gönnt sich zwei Wochen lang keine Pause. Kuddel, der Koch, braucht allein mehrere Tage, um die Lebensmittel zu verstauen, die zwei Lastwagen der Intendantur gebracht haben. Nissen überwacht jede Einzelheit. Deutsche Mechaniker aus Brest bauen riesige Wasserbehälter ein. Das Wasser ist die große Unbekannte dieses Unternehmens. Das Mitführen von Süßwasser für sechs Monate ist ein Problem, das sich in der Segelschiffahrt selten gestellt hat. Aber es kommt nicht in Frage, in einem neutralen Hafen Wasser zu ergänzen, denn überall sind englische Agenten; es wäre Selbstmord, unter ihren Augen einzulaufen. Eine Wasserübernahme an einer einsamen Küste ist ein ebenso großes Risiko, denn wenn eine Küste einsam ist, dann vor allem, weil es an Wasser mangelt. Auch eine Ergänzung auf See durch U-Boote kommt nicht in Frage, denn das Unternehmen „Weißdorn" ist ja gerade deshalb ins Leben gerufen, weil keine U-Boote abgestellt werden sollten!

Christian Nissen läßt daher vier Tanks unter Deck einbauen. Der eine nimmt fast die ganze Gästekabine an Steuerbord ein und verdunkelt das Licht des Bullauges. Heinrich Garbers und Kuddel, die hier wohnen, können nur in ihre Koje kriechen, wenn sie auf den Tank klettern. Sie sind dann fast eingeklemmt zwischen der Koje und dem grünen Tank. Sicher werden sie in den unerträglich heißen

Nächten der tropischen Breiten gut schlafen, wenn sie wissen, daß unter ihnen eine Tonne Süßwasser ist! Ein großer Tank für drei Tonnen Wasser wird an Deck montiert. Jeder Tank wird ausgespült und mit größter Sorgfalt gefüllt. Die Besatzung wird insgesamt über sechs Tonnen Süßwasser verfügen, aber damit keineswegs so viel, um darin noch baden zu können.
Als der alte Wachmann, der auf KYLOE aufgepaßt hat, an Bord erscheint, um Antwort auf die Frage zu geben, wo die Segel sind, linst er zum großen Tank hin und nickt mit dem Kopf:
„Sehr weite Reise, Kapitän?"
Aber selbst diesem friedfertigen Siebziger gegenüber muß Nissen die Tatsachen möglichst verschleiern. Der Erfolg hängt ebenso von der Geheimhaltung ab wie von Winden und günstigen Strömungen.
Er antwortet lässig: „Oh! Nur Schulschiff ... Ostsee." Dann lacht er laut, schnalzt mit der Zunge und deutet auf den Tank: „Nix Wassertank ... Weintank! Verstanden?"
Der Alte hat verstanden und leckt sich die Lippen. Aber die improvisierte Antwort arbeitet im Gehirn des Kommandanten weiter. Weintank? ... Warum eigentlich nicht? ...
Er läßt die beiden nach alter Art an Deck festgelaschten Wasserfässer mit gutem Rotwein füllen. Der Platz, wo sie stehen, heißt später die „Laube" und wird an düsteren Tagen ein Ort der Heiterkeit.
Die Laube hat ihren festen Platz, aber nicht die Kombüse. Sie breitet sich überall aus. An Steuerbord sind die Schubladen unter den mit Schweinsleder bezogenen Sitzen der Dinette vollgestopft mit Bohnen, englischem Dosenlachs und Trockenkartoffeln. Von der Bilge bis zu den Segeln und dem laufenden Gut könnte man 50 Meter Trockenwurst hervorziehen. In allen Ecken lagern Dosen mit gesalzener Butter, selbst im WC an Backbord. Es ist schwierig, seine Beine unter den Tisch in der Messe zu verstauen, denn ein Wassertank nimmt den größten Teil des Platzes ein. Die Kabine des früheren Skippers, die achtern am Niedergang liegt und, wie es sich gehört, von Christian Nissen bewohnt wird, erinnert an einen Laden für alkoholische Getränke: Kognak, Armagnac, Chartreuse, Whisky, Gin, Benediktiner, alles nur mögliche lagert da, nur gemildert von Kisten mit Mineralwasser.

Der Chef des Unternehmens „Weißdorn" hat an alles gedacht, um für acht Leute zu sorgen, die ein halbes Jahr an Bord einer kleinen Yacht leben müssen.

„Und die Vitamintabletten?" fragt Hajo Kutscha. Ich habe keine Lust, an Skorbut zu krepieren!"

„Alles da! Ich habe dazu noch haufenweise Traubenzucker!"

„Na ja. Das ist gut für Kalorien, aber nicht gegen Skorbut!"

Er geht mit Paul Temme von Bord und kauft fünfzig Kilo Zwiebeln. „Zwiebeln machen Leute liebenswert, und außerdem verhindern sie Skorbut", erklärte er lachend.

KYLOE ist jetzt voll ausgerüstet, aber Nissen denkt ununterbrochen darüber nach, was noch fehlen könnte. Er zerbricht sich den Kopf, denn er weiß, daß irgendein kleines Versehen, das an Land völlig belanglos ist, auf See dramatische Bedeutung gewinnen kann. Nun, es fehlt nichts, außer der „Ladung".

In den letzten Märztagen fährt eine große schwarze Horch-Limousine auf dem Kai vor und liefert die „Ladung" ab: zwei Männer und eine Anzahl grauer Säcke, die sofort mit größter Vorsicht verstaut werden – eine Vorsicht, die gerechtfertigt ist, da ihr Inhalt immerhin aus Sprengstoff besteht. Der Funker heißt Emil und der Agent Robby. Der erstere macht den Eindruck eines einfachen, ein wenig farblosen, aber durchaus angenehmen Menschen, dem das Abenteuer, das ihn plötzlich verschluckt hat, offenbar über den Kopf gewachsen ist. Der andere ist ein stämmiger, kräftiger und das Fürchten lehrender Mann. Emil trägt eine Brille, und Christian Nissen denkt: „Wie froh muß jeder sein, der auf See keine Brille braucht!" Er weist ihm seine Koje an, die raffiniert an der Backbord-Bordwand über einem der eleganten, schweinslederbezogenen Sofas eingebaut ist. Robby wird mit Age Nissen, dem Maler, zusammen wohnen. Ihr Quartier ist die sogenannte Gästekabine an Steuerbord, nahe beim Niedergang.

Alles ist jetzt klar. Der Brennstofftank ist voll, ein großes Faß Gasöl zusätzlich auf dem Achterdeck festgelascht, der ausgezeichnete kleine Gardner-Motor ist überprüft. Der Kommandant wird immer unruhiger, weil die Frühlingsnächte fühlbar kürzer werden und der Schutz, den ihre Dunkelheit bietet, immer schlechter wird. Das ist vor allem auf den ersten 200 Seemeilen gefährlich. Er wartet auf die Herren aus Berlin, die ihm grünes Licht geben sollen.

Sie treffen am 1. April 1941 um 8.00 Uhr morgens ein*. Nissen, der kurz zuvor zum Leutnant (Sonderführer) ernannt worden ist, hat zu ihrem Empfang seine brandneue Uniform angezogen, auch die Mannschaft ist uniformiert. Die Offiziere der Inspektion tragen lange blaue Ledermäntel, aber sie haben offensichtlich keine Ahnung vom Segeln. Ihre Untersuchung beschränkt sich auf den Mast, der sie wegen seiner ungewöhnlichen Länge in Erstaunen versetzt. Sie verlassen die Yacht schnell wieder. Der Motor springt sofort an – diesmal fehlt ihm nichts. Ein Festmacher schlägt auf dem Wasser auf, und die herrliche Yacht entfernt sich langsam vom Kai. Die Kriegsflagge flattert im Wind. Es ist 9.10 Uhr. Beim Passieren des Molenkopfes wirft ein Mädchen, das der Kommandant nicht kennt, aber einer der Besatzung offenbar um so besser, einen Blumenstrauß, der an Deck landet. Paimpol sinkt zurück und verschwindet in den Umrissen der Hügel dahinter. Die phantastische Reise beginnt, im geheimen von den Seeleuten mit einem „So Gott will" eingeleitet. Niemand von ihnen denkt: „Mein Führer, die Männer, die im Meer sterben, grüßen dich", was sicher angemessener gewesen wäre. Immerhin gibt es an Bord einen Mann, der durchaus in der Lage wäre, das Schicksal mit diesem Ruf herauszufordern und es auch ohne zu zögern tun würde, wenn ihn nicht im Augenblick die Seekrankheit in seiner Koje festhielte. Dieser Mann ist Robby. Aber seine Mitsegler wissen das noch nicht. Nissen glaubt, einen Agenten wie alle anderen zu befördern, angetrieben von Abenteuerlust, Geldgier oder Patriotismus. In Wirklichkeit hat sich ein Ungeheuer ganz besonderer Art eingeschifft.

*

Es war ein Morgen wie jeder andere, frisch, ohne Regen, mit Dunst im Horizont und nicht zuviel Wind. Die Offiziere aus Berlin folgten KYLOE in ihrem kleinen Motorboot, um das Auslaufen der Yacht zu beobachten, die Kragen ihrer Mäntel waren hochgeschla-

---

* Viele Angaben in diesem Bericht stammen aus dem Logbuch, das Age Nissen trotz eines Verbotes geführt hat, das jede Niederschrift über die Route und jede Eintragung einer Position auf den Seekarten streng untersagte. Diese Disziplinlosigkeit war der Geschichtsschreibung von großem Nutzen, während sie wieder einmal zeigte, daß man keine Künstler oder Schriftsteller bei Geheimmissionen einsetzen sollte!

gen, um sie vor der Kälte zu schützen. Draußen erwarteten zwei Patrouillenboote die Yacht. Eine Schleppleine wurde hinübergegeben, und gegen 11.20 Uhr begann die Fahrt nach Westen, wobei ein Boot schleppte und das andere Schutz gab. Die Matrosen lehnten an der Reling und betrachteten die Yacht. Ganz sicher sagten sie sich: „Die sind wohl nicht ganz dicht, jetzt mitten im Kriege herumzusegeln." Vielleicht aber auch: „Wenn hier zwei Kriegsschiffe für eine Segelyacht abgestellt werden, dann muß irgend etwas Tolles dahinterstecken ... Wer ist wohl an Bord dieses Pottes? Ein dicker Bonze?"

Als um 20.00 Uhr die Dämmerung hereinbricht, ankert die Flottille querab von der Insel Batz. Die Nacht ist friedlich. Am Morgen wird der Anker gelichtet, und der Schleppzug geht in Sichtweite der Küste weiter. Die sechs Mann Besatzung und einer der Passagiere gewöhnen sich schnell an das Leben an Bord. Age Nissen, der Künstler, sagt zu seinem Namensvetter, dem Kommandanten Nissen:

„Zum erstenmal bin ich froh, Soldat zu sein!"

Eine unvorsichtige Bemerkung. Ein paar Minuten darauf eröffnet die Flak der Begleitschiffe das Feuer ... tack, tack, tack ... Die Schnellfeuerwaffen speien ihre Garben dem großen grünen Vogel mit dreifarbiger Kokarde entgegen, der über dem Konvoi eine Kurve dreht: ein englisches Flugzeug, das seine Bomben auslöst ... eine ... zwei ... drei ...

„Zu kurz", kommentiert Christian Nissen.

Die Flak ist ebenso wirkungslos und stellt ihr Feuer ein, als der Gegner abdreht. Er erscheint eine Stunde später erneut, diesmal aber in Gestalt von drei Flugzeugen in Kampfformation. Die Küstenflak unterstützt jetzt die Bordartillerie. Die Sache wird brenzlig, und die Besatzung der KYLOE legt Schwimmwesten an. Die Sache verläuft ohne Erfolg für die eine oder die andere Seite, aber sie rechtfertigt die Vorsicht Christian Nissens. Vor ein paar Stunden hätte man sich noch fragen können, warum er bis Ouessant Begleitfahrzeuge der Marine angefordert hat, statt zu segeln, jetzt nicht mehr, nachdem die Flak das Boot gerettet hat, das sonst eine leichte Beute geworden wäre. Der Kommandant der KYLOE zieht das Zigarettenetui des Kommodore des Royal Ocean Racing Club aus seiner Windjacke und sagt zu Garbers:

„Alter Freund, ich finde, die Regattaregeln vor dem Kriege waren besser!"

Und er steckt eine Players an, genauso wie es wahrscheinlich der Pilot des englischen Flugzeugs tut, wenn er in seinen Stützpunkt zurückgekehrt ist.

Am 2. April ist KYLOE in Sicherheit, fest hinter einem Schlengel in Camaret. Nissen ist abergläubisch wie die meisten Seeleute und will erst von Camaret aus das Unternehmen offiziell beginnen, in Erinnerung an das erste, glücklich verlaufene Unternehmen mit SOIZIC. Die Begleiter haben die Seeleute der KYLOE zu einem Umtrunk eingeladen und vergeblich versucht herauszufinden, was die Aufgabe der Yacht ist. Sie begleiten sie jetzt bis zum Einbruch der Nacht.

In der Morgendämmerung des 5. April ist KYLOE allein auf hoher See. Sie segelt mit 5 Knoten bei einem Westnordwest, Stärke vier. Nachts war unaufhörlich das Motorengeräusch von Flugzeugen über dem Schlagen der Segel zu hören, aber diesmal waren es deutsche Kampfgeschwader auf dem Wege nach England. Inzwischen war der Himmel so leergefegt wie das Meer.

Im Laufe des Tages verschlechtert sich das Wetter in bedenklicher Weise. Der Wind dreht auf Südost und frischt mittags auf Stärke 8 auf. Obwohl die Yacht schwer beladen ist, nimmt sie die Seen gut und reagiert aufs Ruder. Am dunklen Horizont bilden sich Böen. An Deck wird hart gearbeitet.

„Fock wegnehmen!"

„Groß niederholen!"

„Sturmfock setzen!"

Jetzt, wo die Besegelung zum Beiliegen geeignet ist, wird beigedreht, und sofort tritt an Bord Ruhe ein. Nichts ist zu tun, während KYLOE in ihren Verbänden ächzt und stöhnt, als ob sie ihre Klage den entfesselten Elementen entgegenrufen wollte. Aber das Schiff ist vollkommen dicht. Christian Nissen braucht sich hinsichtlich des Verhaltens seines Schiffes keine Sorgen mehr zu machen, auch wenn es noch schwereres Wetter als in der Biscaya antreffen sollte. Ruhig beobachtet er sein Geisterschiff aus dem Schutz der Kappe, die er sich aus dem Bezug des Großsegels herrichten ließ. Sein Ohr erfaßt jedes neue Geräusch, das anzeigt, daß irgendwo etwas nicht richtig fest gestaut ist. Christian Nissen liebt Sturm und ist dabei glücklich.

Indessen stellt sich gleichzeitig Hein Mück, der Kommandant der KYLOE und Verantwortlicher für die Durchführung des Unternehmens „Weißdorn", einige Fragen, die Robby betreffen, während dieser sich in höchstem Maße seekrank stöhnend auf seiner Koje herumwälzt.

*

Wer war Robby? Er wurde 1914 im Transvaal als Sohn einer alten Burenfamilie geboren, die sich schon einmal, im 19. Jahrhundert, während des Krieges gegen England bewährt hatte. Er war aufgewachsen in dem Milieu von Soldaten, die die von England damals erfundenen Konzentrationslager von innen kannten. Er hatte das South African Military College besucht, war unter seinem Pseudonym Wilhelm Kempf als südafrikanischer Boxmeister im Mittelschwergewicht einigermaßen berühmt geworden und hieß in Wirklichkeit Robby Leibbrandt. Von frühester Jugend an verzehrte ihn der Haß gegen England. Er trat nicht in die Armee ein, sondern diente in der Polizei in Johannesburg. Er hatte „Mein Kampf" gelesen und war begeistert von Hitlers Lob des Boxsports als Element der Charakterbildung, als erster Schritt zum Übermenschen. Vor allem aber glaubte er an die Berechtigung, ja die Heiligkeit der Gewalt, genau wie der Führer des Deutschen Reiches. Im Jahre 1936 schickten ihn die Sportmanager Südafrikas zu den Olympischen Spielen nach Berlin. Dort angekommen, entdeckte er seine Berufung. Hitler faszinierte ihn. Er sog mit vollen Zügen die neue Religion Deutschlands ein, denn er fühlte instinktiv, daß sie ihm den Weg zum Heiligen Krieg gegen England ebnen würde, diesem Krieg, von dem er seit seiner Kindheit träumte, obwohl er in den Visionen des Hitler-Reiches keineswegs vorgesehen war, ganz im Gegenteil. Er gefiel den Machthabern des Dritten Reiches: Dieser großartige Athlet, der nicht gerade dem klassischen Kulturideal entsprach, repräsentierte genau den von Hitler gesuchten Idealtyp. Er war, ohne daß man ihn dazu erziehen mußte, der unerschütterliche Held, der unfähig war, den geringsten Zweifel in die neue Ordnung zu setzen, weniger noch als die „jungen Wölfe", die aus den Ordensburgen kamen. Er würde dem Humanismus mit Vergnügen den Garaus machen, wo er ihm in seinem tückischen Vernichtungskampf gegen die weiße Rasse die Maske vom Gesicht reißen könnte.

Nach den Olympischen Spielen kehrte er noch einmal für kurze Zeit nach Johannesburg zurück, aber nur, um sich alsbald im Dritten Reich niederzulassen, wo er auf den günstigen Augenblick wartete, der ihm die Gelegenheit bieten sollte, in das Land seiner Geburt zurückzukehren, um mit dem befreienden Hakenkreuz in der Hand den von den Engländern erkauften Verrat an der burischen Rasse und deren hart erkämpften und gegen eine Flut minderwertiger Rasse saubergehaltenen Gebiet zu rächen. In den geheimen Zentren der Abwehr hatte er politische Schulung erfahren und war in Sabotage ausgebildet. Nun hatte er sich auf KYLOE eingeschifft, um sein Schicksal zu vollenden.

Der Kommandant der Yacht hatte keine Ahnung von dieser Geschichte. Er bewunderte auf Anhieb den großen Athleten, seine disziplinierte Muskulatur und die harmonischen Bewegungen. Er war vollkommen bereit, ihn als Kameraden zu akzeptieren, genau wie er es mit seinen Passagieren früherer Fahrten gehalten hatte. Wenn er geahnt hätte, in welchem Maße dieser Mann gefährlich sein konnte, wenn er seinen jähen Charakter, seine aggressiven Überzeugungen, seinen vollkommenen Mangel an Lebensart gekannt hätte, dann hätte er ihn nie und nimmer an Bord genommen. Wenn Robby schließlich in den ersten Stunden der Fahrt sein wahres Gesicht gezeigt, sich als Leitwolf späterer Meuten enthüllt hätte, der unfähig war, sich dem engen Zusammenleben von acht Männern anzupassen, die während dreier Monate von der Welt abgeschnitten leben mußten, so hätte er kehrtgemacht, um ihn in Brest an Land zu setzen, so wie er es zum Schluß androhte.

Im Augenblick aber hat nicht er, sondern KYLOE kehrtgemacht. Ganz im Gegensatz zu den Angaben der Monatskarten, die für den April in diesem Teil des Atlantiks das Vorherrschen nördlicher Winde angaben, wehen sie jetzt aus Süden. Nissen sagt seinem Navigator Paul Temme mit bitterem Lachen:

„Das ist schon Wind aus Nord, aber aus Nordportugal!"

KYLOE wird nach Nordost versetzt, von wo sie kommt. Die See ist grob und unangenehm. Von vorn, wo Kuddel sich vergeblich abmüht, etwas auf einem seiner beiden Petroleumkocher zu kochen, und wo die Luft entsetzlich ist, hört man das Fallen der Töpfe. Der Wind weht mit Stärke neun, und von Zeit zu Zeit geht eine See über das Deck weg. Endlich, am Montag gegen Mitternacht, springt der Wind auf Nord und anschließend Nordwest. Die See wird schnell ruhiger. Die Fock wird gesetzt, gegen Mittag dann das Groß. KYLOE liegt mit vier Knoten wieder auf ihrem alten Kurs. Der Kommandant meint, daß man bei dieser Fahrt nicht aus der Biscaya herauskommt, und läßt am Dienstag die Steuerbordwache vorsichtige Versuche mit dem Spinnaker machen. KYLOE fängt daraufhin an zu laufen, und am Mittwoch, dem 9. April, werden 120 Seemeilen geloggt.

*

Das Geisterschiff steht jetzt 300 Seemeilen von Spanien entfernt halbwegs zu den Azoren, die der Kommandant an Backbord lassen will. Er hat die große Genua setzen lassen, während der Spinnaker auf der anderen Seite zieht. KYLOE läuft mit sieben Knoten. Alle Segel vibrieren, und das Geräusch erfreut die Gemüter. Man ist auf weiter See und vollkommen allein, denn noch hat sich nicht ein einziges Schiff gezeigt. Abwechselnd arbeiten die Männer der beiden Wachen in der Takelage. Sie sind so unbeschwert, als nähmen sie am Fastnet- oder Bermuda-Race teil. Das gute Leben hat für sie erneut seinen Anfang genommen. Die Bordroutine hat sich eingespielt. Steuerbordwache: Heinrich Garbers, Age Nissen, Robby. Backbordwache: Hajo Kutscha, Paul Temme, Emil. Sonderaufgaben haben Paul Temme als Navigator und Hajo Kutscha als zweiter Navigator und Filmoperateur. Karl Hamann ist Koch.
Die Bewegungen des Bootes haben sich der langen und gleichmäßigen Dünung angepaßt. Ihr Rhythmus fördert eher den Schlaf als die Seekrankheit. In einem tiefblauen Himmel, aus dem alle nördlichen Wolken verschwunden sind, glüht die Sonne. Nichts könnte friedlicher sein, als man sieht, wie im Niedergang ein Schädel mit blondem Haar auftaucht, dann ein nackter Torso, dessen Schultern aus nichts als Muskeln zu bestehen scheinen, eine schlanke Taille, Beine, die an die stählernen Pleuel einer Lokomotive erinnern. Es ist Robby, der aus den Niederungen der Seekrankheit, die ihn seit Brest niedergestreckt hat, aufersteht. Niemals wieder wird er sie spüren. Er streckt sich an Deck aus, wo er vom Wind geschützt ist, und schließt die Augen, als wollte er die Gegenwart der Besatzung um ihn herum auslöschen.
Mittags schreckt das Knattern eines Motors die Backbordwache auf,

die damit beschäftigt ist, den Spinnaker einzuregulieren. Sie heben die Köpfe und erblicken einen kleinen Doppeldecker mit blauweißroter Kokarde, aber nicht der Englands. Das Flugzeug gehört zu den Streitkräften de Gaulles, aber wie ist es zu diesem von der spanischen Küste so weit entfernten Punkt gelangt? Mysteriös! Nissen ist gewahrschaut und springt an Deck. Er braucht kein Glas, denn das Flugzeug beschreibt in kaum 100 Meter Höhe einen Kreis um die Yacht. Man sieht, daß der Beobachter einen Fotoapparat auf KYLOE richtet. Um eine Antwort auf diese gefährliche Neugier zu geben, läßt der Kommandant die amerikanische Flagge setzen. Man beschießt nicht so ohne weiteres eine Yacht der Vereinigten Staaten, die zum Vergnügen herumsegelt; man grüßt sie durch Wackeln mit den Tragflächen und beneidet diese Millionäre, die die Freuden einer Weltumsegelung genießen. Nissen sieht deutlich, daß der Beobachter freundlich winkt und antwortet in gleicher Weise.
Robby war verschwunden, als das Flugzeug auftauchte. Er faßt jetzt wieder Fuß an Deck, ein Maschinengewehr in der Hand, als glücklicherweise das Flugzeug gerade kehrtmacht und sich nach Nordosten entfernt.
„Sind Sie verrückt!" schreit der Kommandant, der sorgenvoll bedachte, daß das gaullistische Flugzeug zwar mögliche aggressive Absichten aufgegeben, aber immerhin Fotos von KYLOE gemacht hat; daß es einen Bericht mit der Sichtmeldung abgeben wird, der in die Hände der britischen Abwehr gelangen wird und von dort an die Navy, die durchaus imstande sein könnte, ein Patrouillenfahrzeug hierher zu schicken, um die Identität der Yacht festzustellen, die so unverschämt ist, mitten im Kriege zum Vergnügen zu segeln ... Nissen kennt diesen Augenblick der Wahrheit, den er fürchtet, seit er am Ruder von Geisterschiffen sitzt ... Ein schnelles Schiff, das über dem Horizont aufkommt und weniger als eine halbe Meile entfernt stoppt ... Das Boot, das zu Wasser gebracht wird und herankommt ... die Untersuchung ... das Ende des Abenteuers ...
Robbys Auftreten hat ihn ernstlich erschüttert. Der Kommandant läßt gegen Ende des Nachmittages die Besatzung zusammenkommen und ruft ihr die Vorschriften zur Geheimhaltung ins Gedächtnis zurück ... Wenn eine Untersuchung droht, sollen die Dollars, Robbys explosive Zahnbürsten und Füllhalter, seine Zeitgeber zur

Zündung der Bomben, alle Gewehre, Maschinengewehre und Emils Funkgeräte, kurz alles, was in den bleibeschwerten Säcken steckt, auf der den Engländern abgewandten Seite ins Meer geworfen werden. Robby knirscht mit den Zähnen und brüllt: „Niemals! Ich werde das Boot unter Maschinengewehrfeuer nehmen! Dann entern wir den Kreuzer, um die Besatzung anzugreifen! Wie meine Vorfahren, die Geusen!"
Christian Nissen muß sich fragen, ob dieser Mann verrückt ist oder eine Persönlichkeit beherbergt, die in der letzten Minute doch zurückschrecken wird. Die Furchen auf der Stirn, die funkelnden Augen, die Festigkeit der Stimme geben die Antwort. Bei einem Zusammentreffen mit dem Feind werden alle umkommen für und dank Robby.
„Ihr Plan ist völliger Unsinn", antwortet Nissen böse. „Hat man je eine Yacht gesehen, die einen Kreuzer entert?"
„Allerdings, Herr Voorloper!"*
Immer, wenn er in Wut ist, mischt Robby unter seine deutschen Sätze Worte und Flüche aus seiner Muttersprache, dem Afrikaans. Man hört ihn schimpfen, als er nach unten geht, Worte, die die Besatzung und glücklicherweise auch der Kommandant nicht verstehen:
„Verdomte kerl! ... Voetgangle! ... Skellum! ..."**
Verblüfft über diese Ausfälle zieht sich die Besatzung, nachdenklich geworden, zurück.

*

Abends ist Dunst aufgekommen. Der Vollmond strahlt ihn an. KYLOE scheint zwischen zwei Meeren zu fahren, auf einem Ozean, der nicht irdisch oder am Himmel aufgehängt ist, an sich schnell auflösenden Wolken, die aus einem verlorenen Paradies kommen. Die Nacht wird poetisch verzaubert. Mit seiner ein wenig rauhen Stimme stimmt Garbers seine schönsten Lieder an. Die Wache begleitet ihn mit falschem Brummbaß und hindert die Freiwache, die mit Beschimpfungen reagiert, am Einschlafen. Schließlich schläft keiner, und alle mit Ausnahme von Robby sind an Deck, während KYLOE gut 150 Seemeilen nördlich der Insel San Miguel in den Azoren durch den Dunst gleitet ... Der heutige Tag war der Ge-

---

* Ochsentreiber.
** Verdammter Kerl! ... Raupe! ... Schuft!

burtstag von Paul Temme. Das Auftauchen des Flugzeugs und der Streit zwischen Robby und dem Kommandanten verhinderten, daß er gebührend gefeiert wurde. Man muß das nachholen. Man versammelt sich in der „Laube" – um die beiden Weinfässer, die an Deck gelascht sind –, und Hajo Kutscha brilliert nach einigen Gläsern in seinem Repertoire – zum erstenmal seit dem Auslaufen. Dazu gehören „Une petite cigarette" von Greta Keller und „J'ai deux amours" der Josephine Baker. Die einfachen Gemüter der Seeleute schmelzen dahin. Dann erheben sie sich mit Mozart, Beethoven, Brahms und Strauß, deren schönste Themen das Grammophon erklingen läßt, zu den höchsten Höhen, denn sie sind Deutsche. Und nach dem Trinken muß über Politik geredet werden! Man diskutiert ohne Schärfe, denn die gegensätzlichen Überzeugungen sind nicht tief verankert. Sie sind vielmehr geistreiche Spielereien. Die einzige wirkliche Überzeugung ist die Liebe zur See und zum Segeln, und diese duldet keine Diskussion.
Robby, der in seiner Koje keinen Schlaf findet, hört ihnen aufmerksam zu. Als Hajo Kutscha der Chansonette aus dem Kielwasser der Josephine Baker seine Stimme lieh, zitterte er vor Wut. Wie konnte er es wagen, an Bord eines deutschen Kriegsschiffes diese Halbnegerin zu bemühen, diese Angehörige einer minderen Rasse, die dennoch für einen Buren, der inmitten der Neger leben mußte, gefährlich war ... Er wollte eigentlich aufstehen und diesen Schänder durch einen kleinen linken Haken zum Schweigen bringen, aber er nahm davon Abstand. Die Folgen der Seekrankheit haben seine Kampfkraft beeinträchtigt. Er hat sich auf seine Koje zurückfallen lassen und horcht auf die Diskussionen der Besatzung. Er erfährt, daß diese Seeleute nicht einig sind, was die Ereignisse anbelangt, die heute die Welt verändern. Und: es gibt keinen einzigen Nationalsozialisten unter ihnen. Robby knirscht mit den Zähnen wie ein Schakal aus dem südafrikanischen Veld. Wie kann man Deutscher sein und nicht sehen, daß einem das größte Genie des Jahrhunderts geschenkt wurde, während er, ein kulturloser Afrikaner, in ihm die Existenz Gottes erkennt, eines verjüngten Gottes, der endlich eine menschliche Religion stiftet, die auf seiner ursprünglichen Größe aufbaut? Von nun an gibt es nichts Gemeinsames mehr mit dieser Besatzung von Häretikern, die er bis zum Schluß nur noch mit Verachtung strafen wird!

Ihrerseits hat die Besatzung nicht das geringste übrig für diesen Passagier. In dem geheimen Logbuch, das Age Nissen führt, liest man die folgende aufschlußreiche Eintragung:

„Windstill und warm. Wenig Wind. Robby weigert sich, dem Kommandanten zu gehorchen. Legt Einspruch gegen seine ‚autoritären' Maßnahmen bei Gefahr der Aufbringung durch ein feindliches Schiff ein. Behauptet, außerhalb des Kriegsrechtes zu stehen, da er Bure ist. Weigert sich, dem Kommandanten seine Waffen, Sabotagematerialien, Papiere und Gelder zur Versenkung auszuhändigen. Wegen der ungewöhnlichen Umstände des engen Zusammenlebens an Bord ist eine sofortige Bestrafung Robbys nicht möglich, obwohl dieser in der Eigenschaft eines deutschen Wehrmachtangehörigen eingeschifft ist und als solcher dem Kommandanten untersteht. In Anbetracht der Tatsache, daß er sich erstmalig auf einem so kleinen Schiff befindet, sowie seiner langen Seekrankheit, die in ihm eine Psychose gegen das Bordleben ausgelöst haben kann, werden ihm drei Tage Bedenkzeit eingeräumt mit der Ankündigung: Rückkehr nach Brest bei erneuter Widersetzlichkeit... Garbers hat vier lebende Meerschildkröten gefangen."

KYLOE ist jetzt bekalmt. Sie muß unter Motor mit sparsamster Fahrt weitergefahren werden, denn wenn man Wind auf dem Meer findet, manchmal sogar zuviel, so doch keine Tankstelle für Dieselöl. Die Segel hängen kläglich herab und erfordern keine Arbeit. Die Besatzung vertreibt sich so gut es geht die Zeit. Voraus kommen mehrere kleinere und größere Hümpel in Sicht, wie Schären, die aber leicht in der schwachen Dünung schaukeln. Es sind schlafende Meerschildkröten. Die Fahrt wird aus dem Boot genommen, Hajo und Paul machen ein Schlauchboot klar und paddeln vorsichtig zu einem der großen, über 1 Meter langen Tiere hin, um ein Fischernetz unter ihm durchzuholen. Dicht vor dem vermeintlichen Opfer können sie nicht erkennen, wo Kopf oder Schwanz sind. Beim Versuch, auf gut Glück das Netz unter ihre Beute zu bekommen, wacht die Schildkröte auf und geht auf Tiefe. Vermutlich zum Glück für die beiden Männer!

Die Methode wird jetzt geändert. Heinrich Garbers hat sich auf dem Wasserstag niedergelassen und dirigiert KYLOE mit langsamer Fahrt zu den kleineren Tieren, indem er Armzeichen gibt, die der Rudergänger sehen kann. Dann schöpft er sie im Vorbeifahren ganz einfach mit einem Kescher auf. Eine, zwei, fünf. Sie kriechen an Deck herum und müssen nun geopfert werden, damit Kuddel, der Koch, daraus eine leckere Suppe bereiten kann. Wie aber macht man das? Die Segelanweisungen sagen zu diesem Punkt nichts.

„Ich habe von alten Seeleuten gehört, daß sie Musik lieben und den Kopf vorstrecken, wenn sie welche hören", sagt Emil, der Funker, der mit seinem Chef seit dem Ablegen noch keine zehn Worte gewechselt hat.

„Versuchen wir's", meint Garbers.

Vor eines der kleinen, etwa 30 Zentimeter langen Tiere wird ein Holzklotz gelegt, Emil spielt Mundharmonika, und tatsächlich kommt ganz langsam, aber in voller Länge mit Hals der Kopf aus dem Panzer heraus. Heinrich Garbers schlägt mit einem kleinen Beil erfolgreich zu. Die drei anderen Schildkröten sind gewitzter. Sobald man sich nähert, ziehen sie ihren Kopf mit der Schnelligkeit einer Schlange ein, die sich in ihr Loch zurückzieht. Man muß eine neue Hinrichtungsmethode entdecken, macht lange Versuche und findet endlich die Lösung. Man braucht die Schildkröte bloß mit dem Kopf nach unten aufzuhängen. Wenn sie sich an diese Lage gewöhnt hat, zieht sie den Kopf nicht mehr ein. Man kann ihn mit einem einzigen Schlag eines gut geschliffenen Messers abhacken. Das Deck der Yacht ist voller Blut, aber aus dem Massaker resultiert eine Suppe, die alles in den Schatten stellt, was man von englischen Konserven kennt.

Am 13. April wird die Suppe mit großem Zeremoniell serviert. Man muß sich beim Verzehr beeilen, denn eine Depression zieht über das Boot hinweg, und es liegt wieder einmal beigedreht bei Südwind von Stärke sieben bis acht, Kälte und Böen. KYLOE wird von grober See gebeutelt. Man setzt eine winzige Fock am Achterstag als Stützsegel, mit dem Schothorn nach vorn, aber das nützt nicht viel bei den gewaltigen Seen, die eine nach der anderen heranmarschieren. Dieses Mal widersteht der reizbare Robby der Seekrankheit. Nur das Unbekannte ist zu fürchten. Jetzt weiß er Bescheid!

In der Nacht des 15. April frischt der Wind aus Südost auf. KYLOE läuft neun Knoten und stürmt nach Westen. Dann muß das Groß geborgen und unter Sturmsegel weiter gesteuert werden. Es ist Ostern. Irgend jemand gibt es bekannt, und die Besatzung versammelt sich so gut es geht in der „Laube". Robby ist eingeladen, bleibt

aber in seiner Kabine. Überhaupt war die „Laube" der geeignete Platz, alle Geburts-, Verlobungs- und Hochzeitstage der Familien, natürlich auch alle 1 000 Seemeilen, mit einem allgemeinen Schluck zu feiern.
Gegen Mittag wird wegen der schweren Böen aus Süd erneut beigedreht. Diesmal bleiben Fock und Sturmfock stehen, die Fock ist, wie früher üblich, nach Luv backgeholt. Bald darauf muß nach einigen ergebnislosen Versuchen mit einem Treibanker die Besegelung verkleinert werden. Der Regen klatscht auf das Deck. Unter Deck läßt sich die Luft kaum noch atmen, und die Feuchtigkeit rieselt an den Schotten herunter. Trotzdem hat KYLOE nach Log an diesem Tage 150 Seemeilen gutgemacht.
Am 16. April schläft der Wind langsam ein, nachdem er über Nord auf Ost gedreht hat, kommt aber zum Schluß erneut aus Süd bis Südsüdwest. Vormittags wird eine Stunde lang das Großsegel gesetzt, aber es schlägt nur, ohne zu ziehen, und wieder wird mit dem Motor bei sparsamsten Umdrehungen gelaufen. KYLOE gleitet unter wahren Wolkengebirgen dahin, deren Schichten alle Farbschattierungen zeigen. Der Anblick ist unvorstellbar schön, und jeder, wahrscheinlich mit Ausnahme von Robby, denkt, daß dies allein gelohnt hat, sich mitten in den Atlantik zu wagen.
Der Bure wird immer verschlossener. Man hört ihn in seiner Kabine fluchen:
„My Aarde! ... Foei! God here Jesus!"
Im allgemeinen fluchen die Buren wenig, da die Verbote des Alten Testaments bei ihnen geachtet werden. Ihre Vorfahren, die alles wortwörtlich nahmen, fluchten überhaupt nicht. Robby Leibbrandt gehört indessen der jungen Generation an und ist darüber hinaus noch Anhänger des Nationalsozialismus, der die Heilige Schrift entmythifiziert; er flucht daher mit Hingebung. Aber viel schlimmer ist sein Schweigen. Eines Tages liegt er an Deck ausgestreckt und bietet seinen Bauch der Sonne dar. Unweit liest Emil, sein Funker, im Don Quichotte, einem Buch, das er aus der kleinen Bordbibliothek geholt hat. Der Skipper Nissen will an den beiden vorbei zum Bug gehen, wo Garbers, auf einer umgedrehten Balje sitzend, die Fock nachnäht. Robby hält ihn auf, zeigt mit dem Finger auf Emil und brummt: „Voorloper!"
Er nennt den Kommandanten nur noch „Ochsentreiber".

„Voorloper, ich möchte, daß Sie diesen Menschen so schnell wie möglich über Bord werfen!"
„Ihren Funker??"
„Das ist nicht mein Funker. Das ist ein Verräter..."
„Aber ich habe doch Befehl, Sie beide zusammen auszubooten!"
„Niemals! Wenn Sie das machen, mache ich ihn an Land sofort kalt! Ich will ihn nicht haben!!!"
Der Zorn Robbys hat sich jetzt auf den Funker des Unternehmens „Weißdorn" konzentriert. Das ist gegenüber diesem liebenswürdigen und gut erzogenen Süddeutschen höchst ungerecht und trotzdem nicht ohne Realismus, denn Emil spricht zwar gut Italienisch, aber kein Wort der englischen Verrätersprache. Der furchtbare Bure hat seinen Finger auf die Wunde gelegt, an der alle deutschen Geheimdienste leiden. Er hat die unglaubliche Leichtfertigkeit angeprangert, die dazu führt, daß man einen Agenten in ein Land einschleust, dessen Sprache er nicht versteht. Was soll in Südafrika aus ihm werden, da er weder Englisch noch Afrikaans beherrscht, außer eine unerträgliche Belastung und Gefahr für den Leiter des Unternehmens?
„Das ist nicht meine Sache", antwortet Christian Nissen. „Ich bringe Sie an den befohlenen Ort und setze Sie dort ab. Alles Weitere geht mich nichts an." „Na eben", höhnt Robby, „Sie sind eben doch ein Voorloper!"
„Was meine Sache ist", ergänzt der Kommandant, „ist, ob Sie sich an Bord einfügen wollen oder nicht..."
„Niemals!"
„Die drei Tage Bedenkzeit sind abgelaufen."
„Sie können mich mal..."

*

Abends hört der Kommandant in seiner Kabine, die nur durch ein dünnes Schott getrennt ist, den afrikanischen Wolf vor sich hinschimpfen. Christian Nissen hat bei der Vorbereitung des Unternehmens „Weißdorn" an alles gedacht, nur nicht daran, ein wirklich wildes Tier an Bord zu haben. Welche Mühe hatte er sich gegeben, qualifizierte Seeleute zusammenzusuchen, Leute, die er kannte und auf die er sich verlassen konnte! Das war die wichtigste Voraussetzung einer solchen Fahrt, nicht nur wegen der Schwierigkeiten, unter Segeln zu fahren, sondern im Hinblick auf die noch schwerwiegenderen menschlichen Beziehungen. Wenn acht Mann auf dem engen Raum eines Bootes von 34 Tonnen sechs Monate lang zusammen eingesperrt wurden, so mußte unter diesen unterschiedlichen Temperamenten wenigstens ein Minimum an Harmonie herrschen. Ein einziger Mann gefährdete jetzt alles, und nicht etwa ein x-beliebiger Mann, sondern die Bugfigur des Unternehmens, ein Mann, den Hitler persönlich nach Pretoria schickte, um das britische Dominion in den Schoß der Achsenmächte zu führen! Nissen drehte und wendete das Problem schlaflos in seinem Kopf herum, ohne eine Lösung zu finden.

Am frühen Morgen des 17. April war KYLOE erneut bekalmt, und der Baum schlug wüst hin und her. Die Pause gab ihrem Kommandanten Gelegenheit, sich mit der Besatzung zu beraten. Er stellte ihr die einfache und brutale Frage, auf die es ankam: Sollte man umdrehen, nach Brest zurückkehren und diesen Unglücksnazi loswerden, oder weitermachen? Jeder betrachtete die Sache aus dem Blickwinkel seiner persönlichen Neigung. Wie konnte Nissen erwarten, daß eine Besatzung, die aus so wild begeisterten Seglern bestand, damit einverstanden war, umzukehren? Vor allem jetzt, wo die Fahrt in ihre schönste Phase eintreten würde. Denn KYLOE konnte in jedem Augenblick den Passat erreichen und mit geschwellten Segeln den Südatlantik bis fast in Sichtweite der brasilianischen Küste durchmessen, um dann einen Schlag auf die Küste Südafrikas zu machen. Was würde man von der Elbe bis zur Gironde von dem Kahn sagen, der hinausfuhr, um am Passat zu riechen, und dann umdrehte? Nachdem man nicht mehr getan hatte, als ein paar Schildkröten zu fangen! Nein, die Antwort war einstimmig: Weitermachen!

Das Schicksal Robbys stand in den wenigen Zeilen, die Age Nissen in sein Logbuch schrieb:

„Leichter, unbeständiger Wind. Obwohl Robby sich nach der ihm gegebenen Bedenkzeit nicht gefügt hat, ist die Besatzung für Fortsetzung der Reise, weil Robby, trotz seiner Aufsässigkeit, seine Mission zum Erfolg bringen könnte, denn man muß seinen irrsinnigen Haß gegen die Engländer in Rechnung stellen. Um die Sicherheit des Schiffes im Gefahrenfall oder bei einer Untersuchung zu gewährleisten, hat der Kommandant zwei Mann der Besatzung Befehl gegeben, Robby gegebenenfalls zu erschießen und seine Leiche verschwinden zu lassen. In Hinblick auf eine solche Aktion haben beide Feuerwaffen erhalten."

*

Seit dem 18. April kommt der Wind aus Nord, Stärke vier bis fünf, und anschließend aus Nordost. KYLOE ächzt unter dem Druck ihres Spinnakers und ihres Ballons. Es sieht schon ziemlich nach Passat aus, aber er ist es noch nicht ganz. Erst am 19. weht der Nordost ganz gleichmäßig mit Stärke vier, und das Thermometer steigt. Die Besatzung ändert ihr Aussehen; bunte Farben sind an Deck zu sehen. Am Sonntag, dem 20., lädt der Kommandant die Besatzung zu einem Glas Champagner ein.
„Auf gute Gesundheit der Besatzung!"
Als Echo hört man die Verwünschungen Robbys, der das Ruder genommen hat, um sich im Segeln zu üben. Bei diesem raumen Wind ist das ohne Gefahr. Robby hält Distanz vom „Voorloper" Nissen.
„Jou luis! ... Loop na die hel!"
Der Passat reift langsam heran, ohne bisher vollkommen zu sein. Die Brise weht konstant aus Nordwest, Spinnaker und Ballon ziehen pausenlos wie ein Ochsengespann. Das gute Leben fängt an! Kuddel, der seit dem Ablegen wegen der Bewegungen des Schiffes mehr Pellkartoffeln als Rebhühner zubereitet hat, kündigt groß an:
„Heute abend gibt es Pfannkuchen!"
Die Besatzung hält wieder zusammen und hat Vertrauen, seit alle Männer wie ein Block gegen Robby stehen. Robby Leibbrandt entgeht das nicht.
Am 21. wird die Fahrt leichter und schöner. Das Meer nimmt eine tiefblaue, fast schwarze Farbe an. Große Tangfelder treiben dahin, als ob eine geheimnisvolle Sense sie in der Tiefe gemäht hätte, um sie neuen Ufern entgegentreiben zu lassen. Die Sonne brennt auf das Deck. KYLOE läuft jetzt sieben Knoten und macht sich auf den Wogen breit, die lang und rund wie Hügelketten dahinziehen. Am 22. ist es genauso, aber der Wind schwankt zwischen Nord und West und übersteigt nicht Stärke zwei. Trotzdem werden als Etmal 130 Seemeilen geloggt. Bis zum Äquator sind noch 1600 Seemeilen zurückzulegen. Für diese Regattahasen ist das mehr als die doppelte Strecke des Fastnet Race. Das gute Wetter wird ausgenutzt, um die Außenhaut unter der Wasserlinie zu reinigen und die Kisten neu zu

stauen. An Deck näht der Kommandant an zerrissenen Segeln und läßt sich von der Sonne wärmen.

KYLOE ist jetzt ein Teil dieser unwirklichen Reise geworden, die eine Reise in die Unendlichkeit zu sein scheint, obwohl sie doch eines Tages zu einem Ende kommen muß. Warum sollte eigentlich die Besatzung nicht mehr den Wunsch haben, zu segeln und zu segeln? Vielleicht wird man das Schiff noch lange nach dem Kriege, vielleicht zehn oder zwanzig Jahre später, auf den Meeren herumirrend finden. Die Besatzung wird eine Geisterbesatzung des Fliegenden Holländers sein. Der Kapitän wird in Seelenpein nach dem Heil suchen, sein wagnerianischer Passagier wird immer noch frustriert sein, solange seine Mission unvollendet geblieben ist...

Christian Nissen scheint auf ein solches Ausbrechen aus der Zeit vorbereitet zu sein. Er führt ein eisernes Regiment, und er wird es auch dann noch tun, wenn sie Jahrhunderte in See bleiben müssen.

Am 23., einem Mittwoch, läßt er mittags das erste Journal des Unternehmens „Weißdorn" erscheinen. Es ist eine Ausgabe der „La Vie Parisienne", die er aus seiner Kabine holt. Mademoiselle Française... Alle Seeleute kennen die gleichen Sehnsüchte nach den Genüssen des Landes. Nach nur drei Wochen auf See streicheln die schmutzigen Hände die provokanten Leiber der nackten Mädchen. Und das nach nur drei Wochen in See. Was soll werden, wenn man fünf Monate in See war. Der Kommandant hat in Paris ein ganzes Paket französischer Journale eingekauft. Von nun an wird an jedem Mittwoch, genau mittags, ein neues Heft erscheinen ... Man kann nicht an alles denken, sagt das Sprichwort. Christian Nissen hat nicht nur an alles gedacht, sondern an noch mehr: an das Unnütze und daher Unverzichtbare.

Er hat auch eine andere gute Sitte eingeführt. Beim täglichen Wachwechsel um 18.00 Uhr heißt es „Alle Mann an Deck", und die Besatzung versammelt sich im Cockpit um den Kompaß, weil er der einzige Platz an Bord ist, der acht kleine Gläser fassen kann, die auch bei hartem Wetter frei schwingend stehen bleiben. Durch ein allgemeines „Prost" mit dem vom Skipper gemixten Cocktail werden alle Unebenheiten fortgespült, die sich so am Tage gelegentlich ergeben haben. Robby nimmt nicht immer daran teil.

Am gleichen Tag um 17.00 Uhr schreit ein Mann der Backbordwache:

„Da haben wir's, wir sind dran! Schiff in Sicht, Steuerbord voraus!"
Alle Gläser richten sich auf die beiden Schornsteine eines Schiffes, die über dem Horizont hochkommen. Das erste Schiff seit 20 Tagen. Nissen ist durch frühere Erlebnisse dieser Art abgehärtet und befiehlt nur:
„Vier Strich nach Backbord!"
Dann schickt er die Wache an Deck, um die Schoten dem neuen Kurs entsprechend durchzusetzen. Lieber verliert er 24 Stunden, als daß er eine Begegnung mit einem unbekannten Schiff riskiert. Es kann ein Neutraler sein, aber genausogut ein feindliches Schiff. Er hat gesehen, daß die beiden bewaffneten Seeleute ihre Pistolen unauffällig durchladen. Er weiß, daß jede Begegnung mit einem Engländer tödlich sein wird. Läßt er Robby frei herumlaufen, wird er sein Schiff verlieren. Legt er ihn vorzeitig um, riskiert er seinen eigenen Kopf, denn Hitler dürfte kaum damit einverstanden sein, daß ein Leutnant einen Mann umbringt, den er damit beauftragt hat, die nationalsozialistische Revolution nach Südafrika zu tragen!
Langsam tauchen die Schornsteine des Gegners hinter die Kimm, denn die Kurse der beiden Schiffe führen seit der von Nissen befohlenen Änderung auseinander. Beim Einbruch der Nacht ist die drohende Gefahr vorüber. Paul Temme, der Navigator, rechnet den neuen Kurs aus, der am schnellsten aus dem „Großkreis" der Dampferrouten herausführt.
Am nächsten Tage findet sich KYLOE unter strahlendem Himmel mitten im Nordostpassat. Für ein kleines Schiff von 34 Tonnen ist das leider nicht das gleiche wie für die Windjammer, die auf Grund ihrer Tonnage in dieser nach Südamerika führenden Drift vollkommene Ruhe fanden. Der Wind ist frisch und weht oft tagelang mit sechs Windstärken. Der Seegang ist lang und hoch und gibt einer Yacht keine Minute Ruhe. Die Meilen, die das Log abspult, müssen mit der Ermüdung von Boot und Besatzung bezahlt werden, aber sie liegen in der Größenordnung um 200 pro Tag! Der Äquator kommt schnell näher. Delphine, diese unermüdlichen, lustigen Begleiter, schießen vor dem Bug der KYLOE hin und her.
Die Nächte werden unvergeßlich schön. Sie rufen die Bilder der Dichter in das Gedächtnis zurück, die in diesen Millionen von Sternen immer die Unendlichkeit Gottes gesehen haben. Nacht für Nacht

sinkt der Große Bär tiefer zum Horizont herab. Neue Sternbilder tauchen auf. Das Kreuz des Südens erinnert Age Nissen, den Künstler, an ein Sonett von José Maria de Heredia, das er gut kennt:

> *Dort stehen sie, am Bug der Karawellen,*
> *Und sehen, wie am unbekannten Himmel*
> *Aus Ozeantiefen aufsteigt neu Gestirn.*

An Bord der KYLOE ist es zur Tradition geworden, daß immer dann, wenn etwas Schönes zu sehen ist, ganz gleich ob bei Tage oder in der Nacht, sich jemand in den Niedergang beugt und ohne Rücksicht auf die Uhrzeit schreit: „Age, los, guck den Vollmond an ... Age, komm schnell rauf, man sieht den grünen Strahl ... Age, das lohnt eine Zeichnung ... Age, mach ein Foto ..."
Aber als er in einer dieser Nächte so an Deck gerufen wird, mit der Aufforderung, den Vollmond und Sternschnuppen zu sehen, bekommt er statt dessen einen Eimer Wasser über den Kopf. Das haben ihm die Leute verpaßt, die wie er selbst der Äquatortaufe unterzogen werden sollen: Heinrich Garbers, Emil und Hajo Kutscha. Sie nehmen schon vorher Rache für die Leiden, die ihnen Neptun zufügen wird, bevor sie ihre Taufscheine erhalten – die übrigens Age Nissen gerade zeichnete ...

*

Am 28. April wird mittags noch ein Dampfer gesichtet, der, halb verborgen im Dunst, der das Ende des Passats ankündigt, auf Gegenkurs läuft. KYLOE nähert sich jetzt den Kalmen. Die Sicht ist so schlecht, daß der Kommandant Kurs halten läßt. Am 29. und 30. werden Etmale von 190 und 205 Seemeilen geloggt. Zum letzten Mal bläst der Nordost mit voller Stärke und heult in der Sturmfock. Am 1. Mai schläft der Wind langsam ein und dreht auf West, wie es in den Handbüchern steht. Die Tage der großen Etmale sind vorüber, an Bord kehrt Ruhe ein.
Heinrich Garbers hat nun nach vielen Versuchen den ersten Fisch gefangen, einen großen Bonito mit herrlich bunt schillernder Haut, der den entwöhnten Zungen eine willkommene Abwechslung bietet. Dieser erste Erfolg verleitet ihn dazu, eine Haiangel zu erproben, die er aus einem Stück Rundeisen gebaut hat. Mit einem großen,

weißen Speckstück wird sie am Heck über Bord gegeben, und die gesamte Besatzung liegt lang an Deck, sieht über das Heck in das sehr klare Wasser und erwartet eine Sensation. Tatsächlich erscheint bald darauf ein offenbar uralter Hai mit völlig bemoostem Rücken, der auch die obligaten beiden Pilotfische zur Seite seines riesigen Kopfes hat. Seine Länge scheint fast 3 Meter zu betragen. Er schwimmt ganz langsam zu dem Speckstück, schnuppert daran, dreht bedächtig wieder ab und verschwindet. Was hätte daraus werden sollen, wenn er wirklich zugebissen hätte?

Am nächsten Tag kommt ein leichter Ostwind durch, und die Sonne gleißt aus klarem Himmel. Nur mit einem Strohhut als einzigem Bekleidungsstück läßt sich die Besatzung braunbrennen. Nachmittags türmen sich Unmassen schwarzer Wolken auf. Der Wind kommt wieder aus Südwest, und KYLOE wird von Wolkenbrüchen überschüttet und in schweren Böen übergelegt. Das Boot liegt unter Sturmfock, Fock und Klüver auf Kurs. An Deck scheint sich eine FKK-Kolonie breitzumachen. Das seit einem Monat fieberhaft erwartete Bad in lauwarmem Süßwasser läßt die Männer vor Vergnügen juchzen. Unter der reichlich angewandten Seife lösen sich die Dreckkrusten und fließen in die Speigatten. Die schmutzige Wäsche wird gemeinsam gewaschen. Man macht rauhe Späße und nutzt die wöchentliche Mittwochslektüre zu gesalzenen Antworten. Schließlich zieht die Regenbö weiter. Sie hinterläßt 50 Liter Süßwasser, die Nissen in vorher aufgespannten Persennings auffangen ließ.

Am 2. Mai macht KYLOE an einem glühendheißen und schwachwindigen Tag nur 100 Seemeilen, obwohl der kleine Gardnerdiesel die Fahrt unterstützt. Um 16.30 Uhr drückt eine neue Bö das Boot bis über das Schandeck ins Wasser. Klüver und Fock werden schleunigst geborgen. Die Kalmen erweisen sich als kapriziös.

Am 4. Mai wird die Linie passiert. Neptun kommt an Bord und tauft mit dem üblichen Zeremoniell. Heinrich Garbers schluckt heldenhaft eine Mischung aus Salzwasser, Essig, Maggiwürfeln, Senf, Kakao, Pfeffer und Portwein herunter. Emil, der Funker, sieht wie jemand aus, der zum Tode verurteilt ist, als man ihm die Körperhaare abrasiert – aber er überlebt. Auch Hajo Kutscha gehört zu den Überlebenden, aber er weist jetzt in seinem Haupthaar ein prächtiges Kreuz des Südens auf, das das Schermesser dort zurückgelassen hat. Age Nissens Taufe hat es ebenfalls in sich, es gibt viel

zu lachen. Neptun spricht mit auffällig hamburgischem Dialekt und hat eine gewisse Ähnlichkeit mit Paul Temme. Sein erster Assistent ähnelt trotz seines schwarzen Gesichtes Robby (Wie hatte er sich dazu hergeben können?!), der zweite Kuddel, der auffällig schnell in Richtung Kombüse verschwand, wo die Festmahlzeit schmorte.
Nach dem Passieren des Äquators beginnt eine wenig befriedigende Zeit. KYLOE muß am Wind bis in den Südostpassat laufen, und die Tagesetmale sind klein. Bö folgt auf Bö. Die Luftfeuchtigkeit entnervt die Besatzung. Am Abend des 6. Mai sieht man in der bereits fortgeschrittenen Dämmerung plötzlich ein helles Licht, das im Süden aufflammt und dann erlöscht. Ist es ein Signal von Schiffbrüchigen? Ist es ein Zeichen für einen Konvoi? Wer weiß eine Antwort? Der Radioempfänger ist kaputt. Hajo Kutscha bastelt daran herum. Es ist nicht möglich, aus dem Schiffsfunk Klarheit zu gewinnen. Am Horizont ist nichts mehr zu sehen, aber der Kommandant läßt den Kurs ändern, weil er, wie immer, das Schlimmste annimmt.
Am 7. Mai setzt der Südsüdostpassat ein, aber er bleibt schwach. Das dritte Logscheit ist nun auch verschwunden, wahrscheinlich abgebissen. Heinrich Garbers wird ein viertes bauen. Nach wie vor werden an Deck morgens fliegende Fische aufgesammelt, die nachts, von der Bugwelle erschreckt, mit viel Fahrt die Wasseroberfläche durchbrechend, versuchen, mit ihren ausgespreizten schmalen Flügeln einem vermeintlichen Verfolger zu entgehen. Sie landen teilweise an Deck, und einer hat es fertiggebracht, durch ein offenes Oberlicht genau in Christian Nissens Gesicht zu geraten, der dadurch recht unsanft im Schlummer gestört wird. Age Nissen erbost sich gegen das Wochenblatt des Unternehmens „Weißdorn", dessen Erfolg sich indessen mehr und mehr abzeichnet. Er will ihm ein „Magazin des guten Geschmacks" entgegenstellen, das er redigieren will, sobald es ihm seine Gesundheit erlaubt. Er gibt tatsächlich vor, krank zu sein, aber die Krankheit verschwindet sofort, als ihm Christian Nissen in seiner Funktion als Schiffsarzt das Allheilmittel Kognak verschreibt.
Die Böen lösen sich ab. Sie hinterlassen jedesmal eine so harte See, daß das ständige Arbeiten des Rumpfes die Dichtigkeit eines der Süßwasserreservoire zu gefährden droht. Mit allen denkbaren Vorsichtsmaßregeln wird der Inhalt in die intakten Tanks umgefüllt. Leider gelingt es nicht, alles Wasser zu retten, das hier kostbarer ist

als Blut. Heinrich Garbers vernietet erfolgreich den defekten Wassertank, während Hajo Kutscha den defekten Empfänger abklopft. Nichts geht mehr. Der Kurs, der sich bei dem vorherrschenden Wind steuern läßt, ist niemals günstig. Es sieht so aus, als könne KYLOE aus den amerikanischen Gewässern nicht mehr herauskommen. Die Navigation ist vollkommen in Ordnung. Paul Temme hat sich genau an die Anweisungen für die Tee- oder Opiumklipper gehalten, die ebenfalls im Atlantik den Nordostpassat suchten, um dann mit dem Südostpassat das Kap der Guten Hoffnung anzusteuern. Es gibt keine Möglichkeit, unter Segeln anders zu navigieren.

*

Eines Morgens ist Robby am Ruder, und Christian Nissen, der im Vorbeigehen einen Blick auf den Kompaß wirft, sieht, daß der Bure den Kurs geändert hat und nach Osten steuert, ohne daß der Wind gedreht hat.
„Was machen Sie denn da?" schimpft er. „Hat Paul Ihnen den Befehl dazu gegeben?" Die Antwort ist eine wütende Explosion des Buren.
„Ich, Herr Voorloper! Ich will nach Afrika und nicht nach Amerika! Ich weiß ganz gut, was ihr vorhabt! Ihr wollt mit dem Boot zum La Plata und euch in einem neutralen Land internieren lassen, bis zum Kriegsende bequem auf euren Hintern sitzen und dicke Zigarren rauchen! Nicht mit mir! Ich gehe nach Pretoria, um die nationalsozialistische Revolution einzuleiten! Ich steuere daher Ost, und das Schiff wird Ost machen, solange ich am Ruder bin!"
Robby Leibbrandt ist kein Seemann und schon gar kein Segler. Er handelt offensichtlich im guten Glauben, denn er weiß nicht, daß ein Segelschiff nicht ewig mit raumen Winden segeln kann, sondern oft kreuzen muß. Er versteht nicht, warum die Segel killen, warum das Boot keine Fahrt mehr macht, wenn er selbständig vom angegebenen Kurs abweicht. Christian Nissen resigniert bei dieser neuen Komplikation, die der Unmensch verursacht, verzichtet darauf, ihm die Sache zu erklären, und entscheidet nur, daß Robby in Zukunft nicht Ruder gehen wird. Im Augenblick allerdings gibt es keine Möglichkeit, ihn abzulösen, denn er hat seine Maschinenpistole auf das Kompaßgehäuse gelegt und bedroht damit jeden, der ihm zu nahe kommt. Meuterei an Bord! Dieser Zustand dauert viele

Stunden, indessen Kommandant und Besatzung im Vorschiff beraten. Schließlich versucht Hajo Kutscha, Robby's Vertrauen zu gewinnen. Er darf sich zu ihm ins Cockpit setzen, und es gelingt ihm, den Buren wieder zur Vernunft zu bringen.

Am 14. Mai endlich, nachdem KYLOE vorwiegend über Steuerbordbug gesegelt ist, kommt die Insel Trindade auf etwa 21 Grad Süd in Sicht. Sie ist 45 Meilen entfernt, und der Gipfel, der 600 Meter hoch ist, ragt in einen tropisch blauen Himmel. Genau wie seine Besatzung würde Nissen liebend gern am Fuß des Berges ankern und hinaufsteigen, aber eine Landberührung ist für das Geisterschiff außerhalb jeder Diskussion, selbst, wenn es sich um eine unbewohnte Insel handelt. Das Boot setzt daher seine Fahrt fort, und der Kommandant kredenzt seinen Kameraden nur einen Cocktail „Trindade", der mit großem Hallo in Empfang genommen wird.

Am 15. Mai weht frischer Nordwind, und KYLOE macht ein Etmal von 191 Seemeilen. Unvergeßlich bleibt das Erlebnis, als ein Riesenwal mit hoher Fahrt an Steuerbord mitten auf KYLOE zuschießt und im letzten Augenblick unter dem Kiel durchtaucht. Nachmittags kommt ein Blauwal keine zehn Meter entfernt an die Oberfläche und begleitet KYLOE einige Meilen weit, so als ob er eine gutmütige Neugier für ein Boot an den Tag lege, das kleiner als er selbst ist. Wenig später spielen in Bootsnähe eine große „Walschule", wobei viele Gruppen junger Wale in schnurgerader Linie ausgerichtet aus dem Wasser springen und wieder eintauchen.

Dann kommen erneut Tage mit Windstillen und verrückten Brisen. Hajo Kutscha und Paul Temme ist es gelungen, nach vielen Tagen der Bastelei dem Radioempfänger wieder Leben einzuhauchen. Die meisten deutschen Sender werden von feindlichen Störsendern überlagert, aber die Besatzung empfängt Sendungen aus England und Japan. Man entnimmt daraus, daß der Krieg sich gut entwickelt, dieser Krieg, der so weit entfernt ist und doch so nah.

Nach 44 Tagen und 6 000 Seemeilen auf Steuerbordbug wird nun am 18. 5. erstmalig auf Backbordbug gegangen. Allen Männern an Bord geht es gleich: Die gewohnten Haltepunkte an Deck sind vertauscht, und manche Hand greift ins Leere.

KYLOE kommt kaum noch voran, im Durchschnitt 42 Meilen pro Tag. Es läuft eine lange Dünung, die aus dem tiefen Süden kommt, wo bei Kap Hoorn Stürme toben. Dafür kehrt an Bord Frieden ein. Die unerträgliche Spannung, unter der die Besatzung litt, hat sich gelöst, seit Robby krank ist und seine Kabine nicht verläßt. Heinrich Garbers hat seinen Daumen angesehen, der böse angeschwollen ist, wie später auch Hand und Arm. Seine Diagnose ist wie das Knallen des Klüvers: Blutvergiftung! Der Bure will nichts von Schneiden hören. Wie alle kerngesunden Leute fürchtet er den Schmerz. Er steckt daher seine Hand zwar willig in das Seifenbad, das man ihm auf seinen Wunsch gebracht hat, aber die Wirkung ist gleich Null. Der Arm schwillt immer mehr an, und die Drüsen in der Achselhöhle sehen gar nicht schön aus. Einige Leute der Besatzung – wenn nicht alle – beten, daß die örtliche Blutvergiftung den ganzen Körper erfassen möge, und der Bordkünstler träumt schon von einer Zeremonie, bei der die Leiche, in eine Flagge gehüllt, unter militärischen Ehren über Bord gegeben wird – und arbeitet weiter an seinem „Magazin des guten Geschmacks".

Seit der Bure nicht mehr seine Verwünschungen gegen die Besatzung und den Kommandanten ausstößt, den er für einen Verräter an der Sache des Nationalsozialismus hält, ist an Bord eine Schlaffheit bemerkbar, die in der Frage gipfelt: Wozu noch Südafrika ansteuern, wenn der Unmensch, für den man sich abmüht, doch stirbt? ... Am 20. Mai haben Hajo Kutscha und Age, der Künstler, die Morgenwache. KYLOE wiegt sich auf der leichten Dünung inmitten einer unendlichen Weite, die nur von phantastischen Wolken bevölkert ist. Sie vermitteln dort, wo sie sich hinter der Kimm verlieren, ein greifbares Gefühl für die Rundung der Erde. Unter Deck schlafen Freiwache, Kommandant und Passagiere. Man ist übereingekommen, der Besatzung soviel ununterbrochenen Schlaf wie möglich zu gewähren. Age Nissen hört das Schnarchen, denn das Meer ist völlig still, die Wellen gleiten ölig glänzend vorbei, die Segel tragen in einem schwachen Windhauch. Da schläft auch er ein, und Kutscha tut wenig später das gleiche. Wenn in diesem Augenblick ein englisches Prisenkommando an Bord käme? Vielleicht packte es das Entsetzen in der Erinnerung an die alten Mythen. Vielleicht ginge es alsbald wieder in sein Boot und ließe den Fliegenden Holländer und seine Geisterbesatzung allein, um schlafend die Erlösung zu erwarten ... Christian Nissen, der nichts von Geistern hält, wacht plötzlich auf. Sein Unterbewußtsein mag diese völlige Ruhe nicht, hinter der nur Unheil heranreift. Er kommt an Deck. Er entdeckt, daß seine Schildwachen eingeschlafen sind, der eine an Deck ausgestreckt, der andere mit der Stirn auf dem Ruder und baumelnden Armen. Er schüttelt sie. Seine Kommandostimme ertönt schneidend: „Faulköppe! Süßwassermatrosen! Ich stell' euch in Brest vor ein Kriegsgericht. Ihr werdet erschossen! Krieg ist Krieg!"

Dann geht er unter Deck und kocht sich Tee. Sein Grinsen straft die ausgestoßenen Drohungen Lügen. Er bemitleidet seine übermüdete Besatzung und nimmt im übrigen seinen Dienstgrad nicht so übermäßig ernst. Er nimmt dazu nur Zuflucht, wenn es sich darum handelt, Robby in die Schranken zu weisen.

Robby Leibbrandt hat sich nun doch zu einem Eingriff bereit erklärt. Es war aber auch höchste Zeit, wenn ein Übergreifen der Blutvergiftung vermieden werden sollte. Heinrich Garbers hat ein Messer geschärft und sterilisiert. Kuddel bringt ihm eine leere Pütz. Der Bure hält seinen Arm hin. Ratsch, ratsch! Ein fünf Zentimeter langer Einschnitt und ein kleinerer. Jetzt liegt der Boxmeister auf der Matte ... sieben, acht, neun ... k. o.! Kuddel verlangt einen Kognak, nachdem er den Eimer geleert hat, Garbers einen Whisky als Honorar für seine Operation. Die Schwellungen an Robbys Hand und Arm gehen rasch zurück.

Zwei Stunden später läßt er die Sturmglocken läuten. Das Höllenleben an Bord fängt wieder an. Keine Chance, daß eine Morgenwache schlafend ertappt wird!

Am 27. Mai schreibt Age Nissen in sein geheimes Tagebuch:

„Die Widerborstigkeit Robbys wird von Tag zu Tag schlimmer. Er stößt pausenlos Beleidigungen aus und sucht überall Streit, den Kommandanten eingeschlossen. Er greift Emil, seinen Funker, wegen Mangels an Charakter und gutem Willen an, er versucht ihn zu überreden, freiwillig darauf zu verzichten, in Afrika mit ihm auszusteigen. Die Schwäche des Kommandanten, der bei seiner ersten Gehorsamsverweigerung nicht scharf genug durchgegriffen hat, rächt sich jetzt. Ganz offensichtlich fälschlich gibt er vor, er habe Emil nur akzeptiert, um den Beginn der Unternehmung nicht zu verzögern. Er droht damit, ihn umzulegen, wenn man ihn mit ausschifft, und überhaupt alle Mann an Bord, wenn man nicht dahin fährt, wohin er will. Die Atmosphäre wird immer kritischer und ist nur erträglich, weil die ganze Besatzung fest zusammensteht. Außerordentliche nervliche Belastung."

Emil war klug genug, die Injurien ohne Antwort über sich ergehen zu lassen, jede Diskussion abzulehnen und einfach zu schweigen. Der Bure ging nicht mehr vom Kurs ab, wenn er Ruder ging. Er hatte begriffen, daß das Boot unentwegt SSO machte, auch wenn er nicht auf Ostkurs ging. Es würde eine riesige Kurve beschreiben, die es in den Passat zurück und auf 30 Grad Süd führte, in Richtung der Twins, die immer noch 1 500 Seemeilen entfernt waren.

Trotz der langen Dünung aus SW hielt die Windstille an. Es war eine gute Gelegenheit, die Schoten und anderes laufendes Gut auszuwechseln, das bei der langen Seefahrt bereits arg strapaziert war. Garbers kletterte auf den 30 Meter hohen Mast, brachte einen neuen Stander an und wechselte das Spinnakerfall aus.

Am Morgen des 31. Mai frischte der Wind auf. Nachmittags wehte er bereits mit Sturmstärke. Riesige Seen mit fliegendem Gischt aus den überbrechenden Kämmen rollten von Zeit zu Zeit über Deck, aber unter Deck blieb alles trocken. Die Bullaugen waren dicht verschraubt. Das Leben auf diesem halbgetauchten Unterseeboot war wenig angenehm. KYLOE rauschte vor Topp und Takel dahin, mit einer 200 Meter langen Schleppleine achteraus, und der Wind sang mit jeder denkbaren Tonart in den Stagen.

Der Barograph zeigte ein beängstigend schnelles Abfallen des Drukkes, aber er stieg nicht weniger schnell, und der Sturm machte eine Verschnaufpause. In der Nacht sahen sie um 3.30 Uhr plötzlich genau voraus weiße und grüne Signalsterne. Diese drohende Gefahr blieb ebenfalls ein nie gelöstes Rätsel. Die Mannschaft hoffte, daß es kein Notsignal eines Rettungsbootes war, denn am Abend vorher waren zahlreiche Trümmer einer Schiffskatastrophe zu erkennen. Eine Hilfeleistung wäre bei dem hohen Seegang unmöglich gewesen. Sie setzten etwas Tuch, aber die kleine Genua war zu schwach. Nur die gereffte Baumfock und die Sturmfock mit doppelten Schoten ließen sich tragen.

Die Seen wurden immer länger und erreichten gewaltige Höhen. Christian Nissen und Heinrich Garbers, die beide den Nordatlantik auf Segelbooten überquert hatten, konnten sich nicht erinnern, Ähnliches je gesehen zu haben. Der Kommandant schätzte sie auf 15 bis 18 Meter. In den Wellentälern herrschte olympische Ruhe. Der Wind hörte völlig auf, und die Stille wurde bedrückend. Dann nahm KYLOE den Steilhang der nächsten Welle in Angriff und erkletterte ihn, begrüßt vom Keulenschlag des Windes, überschüttet mit dem Gischt der Brecher, die das Boot völlig einhüllten. Aber dann schälte sich der Rumpf aus der Flut, schüttelte sich frei und begann seinen Abstieg wie ein Ju-87-Sturzbomber. Dies war der schlimmste Sturm seit dem Ablegen. Das überladene Boot arbeitete schwer. Bei diesen zehn bis elf Windstärken wurde es bis zur alleräußersten Grenze beansprucht. Viele Stunden lang bestand für die Yacht ernste Gefahr, aber sein Kommandant verschwieg dies.

Das entfesselte Toben des winterlichen Südatlantiks dauerte zwei Tage. Dann kam wieder die Sonne heraus, und in wenigen Minuten waren die Aufbauten trocken und weiß vom Salz.

Am 3. Juni schrieb Age Nissen in sein Bordbuch:

„Das Wetter ist wieder in Ordnung. Es wäre eine schöne Fahrt, wenn Robby nicht wieder mit seinen Streitereien Unruhe und Nervosität verbreitete. Um 22.45 Uhr an Backbord in fünf Meilen Entfernung ein Schiff auf Gegenkurs, das schnell außer Sicht kommt."

Man steuerte jetzt OSO, und das Ende der Fahrt kam näher. Aber man geriet auch in die Gefahrenzone, wo die Schiffahrtswege zwischen Europa und Kapstadt zusammenliefen.

Am 6. Juni, nach einem erneuten kurzen Sturm mit Stärke zehn, der sogar einen ausgewachsenen Tintenfisch an Deck schleuderte, wurde es wieder klar, aber es herrschte eine abscheuliche Kälte. Mehrere Schiffe kamen in Sicht. Jedes konnte ein Drama mit sich bringen. Um 4.00 Uhr in der Frühe eine Rauchwolke. Mittags kündigte eine Rauchfahne ein Schiff auf Nordkurs an. KYLOE lief dem Unbekannten direkt in die Arme.

„Nach Steuerbord vor den Wind gehen!" befahl Christian Nissen. Der Wind ließ nach, und man setzte eine Fock. Aber trotz der guten Seemannschaft der Besatzung ging irgend etwas unter, oder der Befehl wurde falsch ausgelegt. Jedenfalls blieb KYLOE auf Kurs, statt sich von dem drohenden Schiff freizuhalten. Glücklicherweise war es ein Neutraler mit portugiesischer Flagge. Das weiße Schiff passierte auf Gegenkurs in kaum einer Meile Abstand, ohne Fragen zu stellen. Die Signalleinen blieben leer. Schließlich kam es außer Sicht.

Bereits seit einer Woche folgten die großen Vögel der Südhalbkugel dem Geisterschiff. Die Albatrosse segelten im Kielwasser, die Seeschwalben umkreisten es, und von Zeit zu Zeit wurden ein paar

Blauwale aufgestört, die an der Oberfläche schliefen. Hier und da waren wieder ganze Schulen von Walen zu sehen, die beim Blasen an Wasserspiele in einem Park erinnerten, ein wunderbares Schauspiel. Schließlich zeigten die Kaptauben an, wie nahe das Festland war.

Das Radio lieferte beruhigende Meldungen.

„Unsere Fallschirmspringer haben die Schlacht um Kreta gewonnen", erklärte Robby, der eifrig den englischen Sendern lauschte. Heil Hitler!

Die Deutschen tranken auf den Sieg in Kreta, ohne dabei besonders an Hitler zu denken. Sie waren alle gute Patrioten, aber keine Geburtshelfer einer neuen Welt, welche sich anschickte, die bequemen Gewohnheiten einer degenerierten Zeit brutal über den Haufen zu werfen.

Der Termin, zu dem die beiden Agenten aussteigen sollten, war trotz der bisher unter verschiedensten Wetterverhältnissen versegelten 8 000 Seemeilen genau eingehalten. Nun mußte zunächst wieder beigedreht werden, und KYLOE zeigte wiederum, wie gut eine solche Yacht trotz hohen Seeganges mit Sturmfock und kleinem Trysegel beiliegen kann.

Age Nissen entdeckte zuerst den auf der ruhigen Leeseite schwimmenden großen, dunklen Seevogel, der einer riesigen Ente glich. Er ruft Hajo, und beide versuchen, das Tier mit Stücken des vorzüglichen französischen Schiffszwiebacks an Bord zu locken. Es näherte sich langsam so weit der Bordwand, daß sie es greifen und an Deck heben können. Es ist ein Molyhook, mit einer Flügelspannweite von fast eineinhalb Metern, der versucht, die schnell an Deck versammelte Besatzung mit Hieben seines hellen, kräftigen Schnabels in die Flucht zu schlagen. Kurz entschlossen wird ihm der Schnabel zugebunden, aber Christian Nissen meint, daß der Vogel auf dem stark auf und nieder tanzenden Deck sehr bald seekrank werden würde. Also wird er wieder erlöst und ins Wasser gesetzt, aber er denkt gar nicht daran, sich zu entfernen. Er wird, diesmal mit Speckstücken, erneut angelockt und ein zweites Mal an Deck geholt.

Robby hielt sich aus allem heraus. Nach den Leiden der weiten Reise bereitete er sich jetzt auf die Gewalttaten vor, die ihn bestätigen sollten. Von Emil verlangte er die Pistole, zweifellos, um Herr der Situation zu sein, wenn man den Funker mit ihm zusammen ausschiffen würde. Christian Nissen hatte sich indessen schon längst entschlossen, ihn an Bord zu behalten und nach Europa zurückzubringen.

*

Paul Temme, der Navigator, schläft nicht mehr. Seine Nervosität zeigt sich im übermäßigen Zigarettenkonsum. Unaufhörlich nimmt er Sonnenhöhen, wenn immer der Himmel ein Wolkenloch zeigt, und kontrolliert die Berechnungen, von denen Erfolg oder Mißerfolg des Unternehmens „Weißdorn" abhängen. KYLOE steht jetzt 120 Seemeilen vor einer Küste, die wegen der Brecher, die sie verteidigen, gefährlich ist; sie ist der Dünung, die aus dem fernen Südamerika kommt, voll ausgesetzt. Erneut stürmt es mit neun Windstärken aus Südost. Wenn Temmes Berechnungen stimmen, wird die Ausschiffung bei Vollmond stattfinden. Man kann dann nicht unter Segeln anlaufen, die das Boot weithin sichtbar machen, sondern unter Motor. Ein gutes Ende hängt von dessen Funktionieren ab. Der Motor wird daher wie ein Kind gehätschelt. Die Gasölfilter werden wieder einmal gereinigt, die Einspritzdüsen kontrolliert, die Lager geschmiert. An Deck werden die Ausgucks stündlich abgelöst, damit ihre Augen auf höchster Stufe der Sehfähigkeit bleiben. Jederzeit kann ein Wachfahrzeug auftauchen oder ein Flugzeug, und schließlich kann KYLOE mitten in einen Konvoi geraten.

Paul Temme hat keinen Appetit mehr. Christian Nissen leidet an hartnäckigen Kopfschmerzen, wie die jungen Kapitäne, die nach langen Reisen den Landfall fürchteten, solange sie keine bekannte Marke ausmachen konnten. Vor allem aber bereitet die Besatzung mit besonderer Freude die Ausschiffung Robbys vor. Das Schlauchboot wird sorgfältig nachgesehen. Das Sabotagematerial steckt in einem wasserdichten Sack, der seinerseits wieder in ein Stück Segeltuch eingenäht ist. Gegenstände zum persönlichen Gebrauch sind in einem anderen wasserdichten Sack. Der Koch sorgt für Lebensmittel, die es dem Buren ermöglichen sollen, die ersten Tage zu überstehen, bis er das geplante Rendezvous mit einem Partisanen der Befreiung Südafrikas hat. Robby übt mehrfach das Aussteigen und konstatiert voller Befriedigung, daß die Seeleute sein Material sorgfältig am Boden des Schlauchbootes festgebunden haben, damit auch bei einem Kentern in der Brandung nichts verlorengehen kann.

Jetzt, wo er unmittelbar vor der entscheidenden Phase seines verrückten Abenteuers steht, hat er seinen Groll beiseite gelegt. Diese Besatzung, die er wegen ihrer politischen Meinungen verachtet, hat ihn immerhin bis an die Küsten seines Landes gebracht, statt einen neutralen Hafen anzulaufen, wie er es ihr unterstellte. Er ist Emil losgeworden, den gefährlich scheinenden Begleiter. Über was sollte er sich beklagen? Er erscheint entspannt, er lächelt, er kommt und geht mit der Geschmeidigkeit des Boxers, der zuversichtlich in den Ring steigt. Christian Nissen begreift jetzt, daß alles an diesem Mann überdimensioniert ist. Das unerträgliche Zusammenleben der letzten 68 Tage ist nichts als die Folge einer übergroßen Kraft, die sich in einer zu kleinen Umgebung nicht entfalten konnte. Er bedarf der Weite des Veld und der Gefahren, die seine Vorfahren während des großen Trecks überstehen mußten, um in sich Frieden zu finden. Fast ist es soweit, und der Kommandant findet plötzlich einen Passagier, der beinahe höflich ist. Die Maske, die einer anderen übergestülpt ist, verrät den inneren Kampf zwischen dem Mann und dem Gott, den er in sich trägt. Nissen denkt: Wenn dieser Mann sich wirklich Hitler zum Vorbild genommen hat, wie er immer behauptet, dann ist der Erfolg vollkommen, jedenfalls hinsichtlich der Kraft des Willens und der Zwiespältigkeit des Charakters. Wie beim Führer verdammt ein Auge, während das andere Absolution erteilt. Jähen Befehlen folgen freundliche Worte, den Wutausbrüchen größte Zuvorkommenheit denen gegenüber, die er schätzt und liebt. Nach den mit sicherer Hand vollzogenen Todesurteilen das Streicheln der Wange eines Kindes. Christian Nissen ist glücklich, ihn loszuwerden, aber er empfindet eine gewisse Achtung vor ihm.
Am 7. Juni 1941 ist das Wetter milder, als man es den Monatskarten und Segelanweisungen, die voller Warnungen sind, entnehmen kann. Um 20.00 Uhr sinkt Nebel herab. Wenn KYLOE tatsächlich vor dem geplanten Landfall steht, wäre das sehr gut, aber Paul Temme wird von Zweifeln geplagt und weiß, daß er seiner Position nur auf etwa 10 Meilen sicher sein kann. Er wiederholt, diesmal mit Nissen zusammen, seine Rechnungen und schwitzt dabei trotz der Kälte, die mitten im südlichen Winter auf See herrscht.
„Wird gelotet?" fragt der Navigator.
Die ersten Wurflote geben 300 Meter an. Dann 200. Dann 150 ...

„Wir stehen dicht unter der Küste", murmelt der Kommandant. Die Sichtweite in diesem Nebel sinkt auf 20 Meter, und KYLOE läuft weiter volle Fahrt. Das ist unvorsichtig, aber andererseits muß Robby so früh ausgeschifft werden, daß man bei Tagesanbruch außerhalb Sicht der Küste ist, für den Fall, daß die Operation erst in der folgenden Nacht wiederholt werden kann.

„100 Meter!"

Um 2.00 Uhr morgens sind es noch bei 90 Meter Wassertiefe, aber ganz plötzlich weist ein weicher Geruch nach faulendem Seetang, ein seit 68 Tagen nicht mehr verspürter Duft, auf die Nähe des Festlandes hin. Um 2.30 Uhr hebt sich der Nebel. Die Küste erscheint, schwach erkennbar im Mondlicht. Paul Temme stößt einen Schrei aus: kaum eine Meile von KYLOE, dort, wo sein Arm hinzeigt, erheben sich zwei Felsen wie dunkle Gespenster ... Die Twins! Er wischt sich den Schweiß von der Stirn. Gewonnen! Er ahnt noch nicht, welchen Platz er von nun an in der Geschichte der Segelei einnehmen wird. Er hat nach 8 111 Seemeilen ohne Landsicht mit Ausnahme der Insel Trindade sein Ziel um weniger als eine halbe Meile verfehlt, und dies mitten im Krieg, ohne Funkpeilung. Wer könnte das von sich sagen?

Jetzt ist nicht die Zeit, sich der Genugtuung hinzugeben. Man stoppt ein paar Kabellängen vor der Küste. Das leuchtende Band der Brecher ist deutlich zu sehen, man hört ihr Donnern und Schreie wilder Tiere von Land her sowie das Bellen einiger Seehunde ganz in der Nähe. Die Nacht ist vom Mond verzaubert und mit Ausnahme von KYLOE menschenleer wie am ersten Tag.

Plötzlich geht an Land ein Sternsignal hoch. Die Erregung der Seeleute läßt Zweifel an der Farbe des Signals laut werden. Was hat das zu bedeuten? Ist KYLOE erkannt worden, und muß jetzt damit gerechnet werden, daß vom nicht weit entfernten Hafen Port Nolloth ein Küstenwachboot erscheint, um die Identität der Yacht aufzuklären, die da vor dieser trostlosen Küste liegt? Oder kommt ein Flugzeug von Kapstadt herüber? Oder will die Küstenwache nur englische Segler aus Simonstown vor den „Twins" warnen?

Man überlegt nicht lange, denn Robby besteht darauf, sofort auszusteigen.

Alles geht blitzschnell. Das Schlauchboot wird nach achtern getragen und ins Wasser gesetzt. Robby, nur mit einer Badehose bekleidet, macht die Runde, schüttelt Hände, entspannt, strahlend, friedfertig. Er läßt sich in das gebrechliche Boot fallen. Man reicht ihm einen Spaten, damit er das Boot nach der Landung vergraben kann. Er ergreift die Riemen und legt ab. Man kann ihn noch ein paar Minuten sehen als immer undeutlicher werdenden Fleck, der auf der langen Dünung tanzt, die vom Kap Hoorn herüberkommt. Dann verschluckt ihn der Dunst.

*

Gegen 3.00 Uhr morgens lief der Motor wieder. Es kam darauf an, schnell zu machen, vor Tagesanbruch von dieser Küste freizukommen. KYLOE tauchte erneut im Nebel unter. An Bord herrschten Freude und Erleichterung, aber noch lastete die Anspannung der Nacht auf den Männern, die jetzt erst einmal eine Flasche Whisky brauchten, um sie zu vertreiben.

Die bisherige Wacheinteilung wurde geändert. Emil, der nicht abgesetzte Agent, wurde nun voll in die Mannschaft übernommen. Er meldete sich freiwillig zum Koch. Die Steuerbordwache bestand jetzt aus Heinrich Garbers und Kuddel Hamann, die Backbordwache aus Hajo Kutscha und Age Nissen. Navigator Paul Temme ging täglich Wache von 4.00 bis 8.00 Uhr, und dadurch konnte immer einer der vier Wachgänger eine Nacht durchschlafen.

Am Abend des 9. Juni wurden wieder Segel gesetzt, um den Motor zu schonen. Der Wunsch, sich möglichst schnell vom Ort der Ausschiffung zu entfernen, ließ sich nicht erfüllen. Am 10. Juni lief KYLOE noch 6 bis 7 Knoten, aber ein Unwetter aus Nordwest, das im Programm nicht vorgesehen war, brachte so starke Winde, daß sie am Morgen beigedreht vor der feindlichen Küste lagen. Was würde passieren, wenn Robby ein paar Stunden nach seiner Landung festgenommen wäre, wie die in Irland von der SOIZIC ausgeschifften Agenten, und geredet hätte? Die Männer hielten ihn zu allem fähig, Gutem und Schlechtem, und Christian Nissen war mit Recht der Überzeugung, daß nach einem Ausrutschen der Zunge bei einem harten Verhör schnurstracks die südafrikanischen Flugzeuge nach KYLOE suchen oder Zerstörer ihr den Weg abschneiden würden. Es war zum Haarausraufen!

Am 11. Juni um 7.30 Uhr nahm das Boot wieder mühsam Fahrt gegen grobe See auf, nachdem der Wind gedreht und etwas abgeflaut hatte. Eine Regenbö nach der anderen prasselte an Deck. Richtiges Kalmenwetter! Es gab nur einen Trost. Emil entwickelte fabelhafte Fähigkeiten als Koch und brachte Gerichte auf den Tisch, die Kuddel überhaupt nicht kannte.

Am 12. Juni endlich gibt es wieder günstige Winde, die von zwei auf fünf Beaufort zulegen. KYLOE läuft mit 7 bis 8 Knoten. Um 15.30 Uhr kommt ein Dampfer in Sicht, denn sie sind jetzt wieder im Dampferweg, aber bei der hohen Fahrt verliert man sich bald wieder.

Am Freitag, dem 13. Juni, frischt der Südost auf, und KYLOE läuft noch besser. Hat man schon den Südostpassat erreicht? Christian Nissen meint es, aber er will nicht zu optimistisch sein und sagt zu Temme:

„Heute ist Freitag der Dreizehnte. Das kann nicht gutgehen!"

„Ganz im Gegenteil! Das ist ein Glückstag!"

Sie reden darüber, sprechen von Beispielen, aber kommen zu keinem Ergebnis, ob es nun ein gutes oder ein schlechtes Omen ist, als schicksalhaft ein großes, schwarzes Schiff noch unter dem Horizont und unsichtbar auf sie zusteuert.

Karl Hamann gibt um 16.00 Uhr Alarm. Das Schiff kommt aus West und nähert sich schnell, anscheinend, um zu sehen, wer ihm begegnet. Ein Engländer! Christian Nissen läßt schleunigst den Spinnaker bergen, dann auch die anderen Segel bis auf die Baumfock. Er hofft sich dadurch unsichtbar zu machen. Diese Hoffnung wird enttäuscht, denn das Schiff kommt unaufhaltsam näher. Der Kommandant läßt die Alarmrolle ablaufen. Es ist das erste Mal, und er kann sich glücklich schätzen, daß Robby Leibbrandt ausgestiegen ist, gerade rechtzeitig, um eine Katastrophe zu verhindern. Tatsächlich ist nur noch wenig verdächtiges Material an Bord: Emils Funkgerät und ein paar Papiere. Der Kasten geht in Lee des Deckshauses über Bord, so daß die Leute auf dem englischen Schiff es nicht sehen können.

„Verdammt, verdammt", ruft Heinrich Garbers. „Dieser verdammte Kasten schwimmt ja!"

„Ja, und Berlin hat damals erklärt, er sei so beschwert, daß er wie ein Stein unterginge. Diese Saukerle!" fügt der Kommandant hinzu.

Diese Unfähigkeit oder vielleicht auch Sabotage regt den Komman-

danten so auf, daß er seine Kammer aufsucht und einen langen Schluck aus der Whiskyflasche zur Brust nimmt, genau wie damals auf der SOIZIC vor einem Jahr, als er sich das erste Mal der Neugier der Engländer ausgesetzt sah.
Als er wieder an Deck kommt, erstmals in seiner Tarnrolle als amerikanischer Skipper einer Yacht auf langem Törn, ist er kaum wiederzuerkennen mit einer großen grünen Schirmmütze, dunkler Brille, alter Lederjacke und die grüne Hose in gelbe, lange Seestiefel gesteckt. An Deck sind nur noch Kuddel Hamann am Ruder und Heinrich Garbers. Aus dem Vorluk steckt Hajo Kutscha seinen Kopf, das Filmgerät klar haltend.
Heinrich Garbers setzt die amerikanische Flagge, gut sichtbar im Want, aber verkehrt herum, die Sterne nach unten. Er holt sie ganz langweilig wieder ein, um den Fehler gutzumachen; nur keine deutsche Zackigkeit, auch das gehört zur Tarnung.
Der große englische Dampfer hat sich so weit genähert, daß man seine leichte Schlagseite erkennt, die auf die Menschenmenge zurückzuführen ist, die sich auf einer Seite zusammendrängt, um die Yacht zu sehen. Fast alle dieser vielen Farbigen tragen weiße Turbane, und Hajo meint: „Seht mal, ein Schiff mit 500 Köchen." Es waren indische Soldaten.
Das Flaggensignal des Dampfers wird sofort im internationalen Signalbuch gesucht, hoffentlich lautet es nicht: „Stoppen Sie sofort!" Aber bevor das Signal richtig erkannt wird, liegt das Schiff schon in etwa 30 Meter Abstand von KYLOE. Auf der Brücke sind mindestens acht Offiziere mit tadellosen weißen Mützen versammelt, die nun durch große Doppelgläser die Yacht mit den drei Männern an Deck betrachten. Von KYLOE aus beobachtet man, daß offenbar eine kleine Pinasse, die noch in den Davits hängt, bemannt wird. Es gibt wohl nicht mehr die geringste Hoffnung, einer Aufbringung zu entgehen.
Ohne das Flaggensignal des Engländers bisher beantwortet zu haben, kommt es nun zu einer direkten mündlichen Unterhaltung durch „Flüstertüten". Jetzt bewährt es sich, daß Christian Nissen einen herrlich breiten und gut durchgekauten amerikanischen „Slang" spricht.
„What ship?" wird von der Dampferbrücke herübergerufen.
„White Star, from Brisbane to New York, homeward bound for

God's own country", brüllt der Skipper. Der Engländer bietet alles an, was die Yacht wohl noch nötig haben könnte auf dem langen Weg in die Vereinigten Staaten. Aber Christian Nissen lehnt höflichst ab, er hätte bereits in Kapstadt voll ausgerüstet, und man möge sich keine Mühe machen. Aber er freue sich, einen Kriegskameraden zu treffen. Es war ja jetzt kein Geheimnis mehr, daß die Staaten gegen Deutschland antreten würden. Inzwischen wurde der Besatzung das Herz schwer, und sie fürchteten immer noch, daß der Dampfer das Boot aussetzen würde, um die Yacht zu durchsuchen. Wenn die Engländer erst einmal an Bord waren, konnte aus vielen Gründen die beste Tarnrolle nicht mehr helfen; dann mußte man mit Gefangennahme und Schlimmerem rechnen.

Vermutlich beneiden die Offiziere des englischen Hilfskreuzers diese amerikanischen Segler, die so frei und unbeschwert auf See herumkreuzen können. Man hört auf KYLOE das Maschinensignal „Langsam voraus" des Dampfers, und die Offiziere auf der Brücke bringen mit erhobenen weißen Mützen „Three cheers to Roosevelt" aus; die deutschen Segler stimmen lauthals mit ein. Die Entfernung wird schnell größer, der Feind verschwindet in Richtung Nord. Sicher ahnt er nicht, daß er sich und seine Soldatenfracht um eine Sensation gebracht hat: die Aufbringung einer deutschen Yacht mitten im Südatlantik. Aber konnte ihm überhaupt die irre Idee kommen, daß eine 34 Tonnen große Yacht der Kriegsmarine unter Segeln in diesen südlichen Breiten kreuzte? Das war doch offensichtlich gänzlich ausgeschlossen.

Auf KYLOE brauchte man geraume Zeit, um den Schreck zu verdauen, der jedem in die Glieder gefahren war. Whisky, Kognak und Gin helfen ein wenig. An Bord herrscht eine hysterische Ausgelassenheit... Nervöses Lachen... Hastige Sätze, die alle Einzelheiten der Begegnung zurückrufen... Dieser verdammte Garbers, der das Sternenbanner verkehrt herum gesetzt hat... Dieser Spaßvogel Hajo Kutscha, der versuchte, den Dampfer hinter dem Deckshaus versteckt zu filmen... Und die Kiste mit dem Funkgerät, die immer noch schwimmt!

*

Sie fragten sich jetzt, ob sie je die Einsamkeit wiederfinden würden, die ihre Fahrt von Europa bis Südafrika beschützt hatte. Der 14. Juni war gut verlaufen, mit schönem Wind und einem brauchbaren Etmal, aber während der Nachtwache bemerkte Garbers plötzlich in Lee eine riesige schwarze Masse, die im Licht des klaren Mondes am wolkenlosen Himmel schnell näher kam. Es war ein großes Schiff von vielleicht 8 000 BRT, das mit gelöschten Lichtern fuhr. Als es sich etwa eine Meile querab befand, drehte es plötzlich hart nach Steuerbord ab und steuerte hinter einem Rauchschleier auf Zickzack-Kursen weiter nach Norden. Gott sei Dank, dachte der Rudergänger, haben sie nicht Angst vor Seglern, sondern vor unseren U-Booten!

Am 16. vormittags wieder eine Rauchwolke am Horizont. Christian Nissen läßt Abstand halten, während er Westsüdwest steuert. Diesen Kurs hält er den ganzen 17. hindurch bei. Besser, den Passat zu verlieren, als auf diesem entschieden zu stark befahrenen Schiffahrtsweg zu bleiben!

Der Preis für die wiedergefundene Ruhe ist Flaute. Die Segel schlagen, und man muß den Motor zu Hilfe nehmen. Das Wetter ist gut geeignet für Arbeiten auf und unter Deck. Alles, was seit dem Landfall unnütz geworden ist, geht über Bord, einschließlich des leeren Wassertanks, der an Deck stand. Karl Hamann, der Takler, arbeitet hart, um die abgenutzten Schoten und sogar ein Want zu erneuern, das gebrochen ist, glücklicherweise gerade, als wenig Druck darauf stand. Bei viel Wind hätte das den Mast kosten können, und die Chance, in Freiheit Europa wiederzusehen, wäre gleich Null gewesen!

Am 18., 19. und 20. Juni kämpft KYLOE gegen vorliche Winde durch eine See, die ihre Bösartigkeit auf die Besatzung überträgt. Ein plötzliches Rollen läßt die Suppe sich über das eben fertiggestellte erste Exemplar des „Magazins des guten Geschmacks" ergießen. Am 22. Juni wird der Passat auf der Höhe von Trindade wiedergefunden, aber er singt kein freundliches Lied. Es ist Neumond. Wie im Handbuch beschrieben, steht grobe See aus Süd. Die Segel wollen nicht stehen. Wieder müssen die Baumfock und die kleine Genua gesetzt werden. Man kommt nicht schnell vorwärts, aber wenigstens schamfilen die abgenutzten Segel nicht. Da erscheint jäh Hajo Kutscha im Niedergang und gibt die furchterregende Nachricht bekannt, die er eben im Radio gehört hat: „Seit heute früh haben wir Krieg mit Rußland!"

Niemand nimmt das mit Begeisterung auf. Kein Heil Hitler, kein

Sieg Heil! Die Gesichter werden ernst und sorgenvoll. Die Zukunft erscheint unsicherer denn je, ja zum Fürchten. Aber sie setzen sich schnell über die neue Lage hinweg. Der Krieg in Rußland ist Sache der Wehrmacht! Ihre Sache ist es, unter Segeln den Atlantik hinauf und hinunter zu segeln. Das allein bietet schon genügend Probleme, die vollen Einsatz erfordern. Eine so lange Fahrt wäre unmöglich, wenn der Seemann nicht vergessen könnte. Mag die Wehrmacht in unbekannte Länder vorstoßen, ihnen genügt das Unbekannte vor ihnen. Sie haben mit sich selbst genug zu tun.

Am 24. Juni schlägt die Besatzung zwei große Genuas am Vorstag an, als der Ausguck meldet:

„Schiff zwei Seemeilen achteraus, zwei Strich an Backbord!"

Alle Gläser sind auf die unerwartete Erscheinung gerichtet, denn man segelt jetzt in einem Gebiet, das seit dem Aufhören der Segelschiffahrt nicht mehr befahren wird. Der unbekannte kleine Dampfer führt keine Flagge. Er scheint mit Mühe einen langen, dünnen Schornstein zu balancieren. Das Deck ist voll von Kisten und einem wüsten Durcheinander anderer Dinge.

„Ein alter Pantoffel!" meint der Kommandant.

„Ein lecker Eimer", bestätigt Temme.

Beim genauen Hinsehen läßt sich am Heck eine winzige rote Flagge erkennen. „Ein Russe", rät Age Nissen.

„Na und? Jetzt, wo der Krieg erklärt ist, nehmen wir ihn im Handstreich", schlägt Garbers vor.

Alles lacht, denn mit dem Funkgerät haben sie auch die Pistolen, das Jagdgewehr und die Handgranate über Bord geworfen, die außer der Bewaffnung Robbys in Brest an Bord gekommen war. Das fremde Schiff scheint von seiner Besatzung verlassen zu sein und sich selbst zu steuern.

„Der Fliegende Holländer", murmelt Kuddel.

Aber die Anspielung auf die alte Sage bringt kein Lachen hervor. Im Gegenteil, eine nervöse Spannung, die von Minute zu Minute wächst. Der Unbekannte, dessen kleine und schmutzige Flagge schließlich als englische erkannt wird, hält sich über eine Stunde in einer Seemeile Entfernung hinter KYLOE. Bald kann man mit dem Doppelglas erkennen, daß auf seinem Achterdeck ein Podest mit einem Flakgeschütz steht, und es ist gut auszumachen, daß sich mehrmals weißgekleidete Männer sehr plötzlich daran zu schaffen

machen und ebenso schnell wieder unter Deck verschwinden. Das ist doch sehr auffällig, und Christian Nissen lacht plötzlich laut los: „Ich fresse einen Besen, wenn dieser Kahn nicht einer von unseren Hilfskreuzern ist!"
Heinrich Garbers kann das nur bestätigen, denn er glaubt mit Sicherheit, in diesem kleinen Dampfer ein ihm bekanntes Schiff aus Finkenwerder wiederzuerkennen.
Nun, Geistersegler und Hilfskreuzer müssen ihr schlechtes Gewissen zeigen und es nicht durch größere Annäherung Lügen strafen. Der harmlose kleine „Engländer" entfernt sich langsam wieder, nicht ohne vorher mit auffälliger Präzision das internationale Flaggensignal gesetzt zu haben: „Wünsche Ihnen gute Reise."
Am 25. Juni hat KYLOE seit dem Auslaufen 10 000 Seemeilen zurückgelegt. Seit dem Morgengrauen sind Kuddel und Emil im Vorschiff eifrig dabei, auf ihren Öfen zu brutzeln, obwohl das Boot arbeitet und die Töpfe herumfliegen. Immerhin gelingt es ihnen, ein Galadiner zu produzieren. Das Menü: Suppe KYLOE (Konserve), Hors-d'œuvres variés (Sardinen aus der Büchse), Rindfleisch (aus der Dose) mit Mayonnaise (Tube); Dessert: Mohrenkopf mit Sahne (Tube) und Früchte (Konserve). Nur der Médoc (Kellereiabzug) reißt dieses Essen aus lauter konservierten Lebensmitteln wieder heraus. Man trinkt eifrig, singt und bringt Toasts aus, weniger auf den Ruhm Deutschlands, als auf den KYLOES, der unerschrockenen Yacht, die jetzt, da sie leichter geworden ist, im Passat viel besser läuft und sich zu erinnern scheint, daß sie ursprünglich einmal gebaut wurde, um große Seeregatten zu gewinnen. Jeder bringt einen Toast auf KYLOE aus, auf ihre Segel, auf ihre Takelage, auf ihre Zukunft.
„Und ich trinke auf Robby", sagt ein Spaßvogel und hebt sein Glas.
„Ich auch", sagt Hajo Kutscha und stößt an. „Vorausgesetzt, daß er in der Hölle ist und nicht bei uns an Bord!"
Christian Nissen stimmt ein und murmelt, den Blick nach Süden gerichtet: „Ich möchte gern wissen, was aus ihm geworden ist!"

*

Robby hatte versucht, über die Sandbank zu gelangen, die vor dem Strand lag, indem er, so gut es ging, mit dem Bug gegen die Brandung drehte. Aber nur Eingeborenen gelingt dieses Manöver dank

ihrer spitz zulaufenden Pirogen. Mit einem Schlauchboot geht das nicht. Ins Wasser geschleudert, verdankte der Bure seine Rettung ausschließlich seiner physischen Kraft, der Tatsache, daß er als Schwimmer so gut war wie als Boxer. Wenn KYLOE nicht schon wieder weit entfernt gewesen wäre, hätte die Besatzung ihn hören können, wie er nachts den Refrain von Flüchen in Afrikaans herunterbetete, den alle so gut kannten:
„Kak!...Donderdewettere!..."
Er hatte sich auf dem Strand wiedergefunden, mit leeren Händen, bekleidet allein mit einer Badehose und Strohsandalen. Jeder normale Mensch wäre nach dem Verlust seiner gesamten Ausrüstung, seiner Waffen und seines Proviants wohl so entmutigt gewesen, daß er sich niedergelegt hätte, um den Tod zu erwarten. Aber der südafrikanische Wolf hatte sich nicht nur einen kleinen Bart auf der Oberlippe sprießen lassen, um Hitler ähnlicher zu werden, das jedenfalls behauptete später die britische Presse, sondern er hatte auch die Willenskraft dieses Weltenzertrümmerers.
Er marschierte los nach Osten, in das Innere von Namaqualand. Die Enge auf KYLOE hatte ihn unduldsam gemacht, die unendliche Weite des Veld, seine Einsamkeit und die ihn umgebenden Gefahren entsprachen den tiefsten Bedürfnissen seiner Natur; er hatte seine Lust am Leben, das heißt am Kampf, wiedergefunden.
Er marschierte die ganze Nacht, schlief den ganzen Tag unter einem Felsvorsprung und setzte seinen Marsch bei Einbruch der Dämmerung fort. Und das drei Tage lang, in denen er weder aß noch trank. Die Strohsandalen waren durchgelaufen, als er schließlich eine winzige Farm von Pionieren der Kolonisation erreichte. Er gab vor, Überlebender eines Schiffbruches zu sein, und brach zwei Tage später wieder auf, eingekleidet und gestärkt. Dann verschwand er.
Einen Monat später häuften sich die Polizeiberichte auf dem Schreibtisch des Innenministers in Pretoria, des Honourable Harry Lawrence. Überall im Nordwesten des Landes waren elektrische Leitungen zerschnitten, Brücken in die Luft geflogen. Schüsse beunruhigten die einsamen Polizeistationen. Die Urheber dieser für die Kriegsanstrengungen höchst lästigen Sabotage konnten nicht gefaßt werden. Tatsächlich war es Robby Leibbrandt gelungen, innerhalb weniger Wochen rund 50 Mitglieder der jungen nationalsozialistischen Bewegung „Ossewabrandwag" zusammenzufassen, um aus

ihnen eine SS zu machen und sie aktiv werden zu lassen. Robby hatte Waffendepots überfallen, Sprengstoffvorräte aus Steinbrüchen entwendet und war bei Büchsenmachern eingebrochen. In kürzester Zeit hatte er nicht nur seine Verluste ersetzt, die er bei der Landung erlitten hatte, sondern er hatte die Mittel zur Zerstörung, die ihm die Abwehr in Frankreich ausgehändigt hatte, noch hundertfach vermehrt.

Er wollte indessen viel höher hinaus. Seine Sabotageaktionen sollten nur ein Klima der Unsicherheit schaffen und dazu führen, daß die südafrikanischen Nationalisten sich zu gemeinsamer Aktion gegen England aufrafften. Dies war immer beabsichtigt, aber man brauchte dazu einen Auslöser. Er selbst war dieser Auslöser, der fähig war, die Lunte an das Pulver des alten Hasses zu legen, den die Buren gegen Albion hegten.

Robbys Armee wurde von Tag zu Tag zahlreicher, aber auch entschlossener. Im Herbst bildeten rund tausend junge Mitglieder der Ossewabrandwag eine kleine Waffen-SS, die zu jedem Opfer bereit war, um die Südafrikanische Union aus dem Lager der Demokratien herauszuführen. Dem General Smuts war dabei durchaus nicht wohl, denn er kannte sehr wohl den Haß, den ihm die Bevölkerung holländischen Ursprungs entgegenbrachte. Seine englischen Herren erinnerten sich ebensogut wie die Kaffern der schrecklichen Kampfwütigkeit der Buren, die sich von jeder Blutmischung mit nichtgermanischen Völkern reingehalten hatten. Dazu kam noch die Strenge der reformierten Religion, der sie folgten. Robby wußte das alles ebensogut.

Sein Pech war, daß sein Mut, seine Treue zum Nationalsozialismus und sein Idealismus gepaart waren mit einem zu großen Schuß Naivität. Er wußte eine Menge, aber er hatte keine Ahnung, welche Rolle die jüdische Intelligenzia in diesem Land spielte und wie raffiniert ihre vom britischen Intelligence Service gesteuerten Hilfstruppen waren. Ihn erfüllte unbegrenztes Vertrauen in sein Volk, nicht anders als Hitler, und beide mußten den Irrtum teuer bezahlen.

Das erste Leck kam, wie nicht anders zu erwarten, aus der Ossewabrandwag selbst. Der Rechtsanwalt Pat Jerling, der in dieser Organisation nichts weniger als „General" war, schwankte lange zwischen Revolution und Unterwerfung. Aber dann entschied er sich für das letztere und suchte im Oktober unter größter Geheimhaltung den Innenminister auf, der ihn mit anfänglicher Zurückhaltung empfing, um dann aber zuzugeben, daß die ganze Bewegung sehr wohl von einem einzigen Mann ausgehen konnte, dem alten Springbock und Boxchampion Leibbrandt, der 1936 zu den Olympischen Spielen nach Deutschland gefahren und offenbar auf einem deutschen U-Boot zurückgekehrt war! Niemand wußte bis zum Ende seiner Tätigkeit, daß das U-Boot in Wirklichkeit eine Yacht war, und die Engländer gaben es sogar erst nach Kriegsende zu.

Nach dieser Denunziation ging alles sehr schnell. Glücklicherweise, denn die Truppen Robbys wurden immer bedrohlicher. Er rechnet für den März 1942 mit 10 000 Mann Kampftruppen, mehr als er braucht, um den Premier Smuts von seinem Sessel zu fegen.

Die gesamte Polizei und alle Geheimdienste der Union sind in Alarmbereitschaft. Es ist nicht so leicht, den Wolf in seiner Höhle aufzuspüren, ohne eine direkte Konfrontation zu riskieren. Er ist auf seiner Hut. Als die Polizei im alten Burenland auftaucht, ist er in der Kapprovinz. Eine gute Gelegenheit, sich seiner in De Kroon, unweit Pretoria, zu bemächtigen, wird vertan, sehr zum Ärger von Smuts, der immer unruhiger wird, je mehr sich Robby seiner Hauptstadt nähert. Als die Polizisten an dem Treffpunkt erscheinen, ist Leibbrandt verschwunden.

Um ihn zur Strecke zu bringen, braucht man neuen Verrat. Seine Gestalt scheint bereits für die Geschichte Südafrikas ausgewählt zu sein. Wie ein Heros der Antike kann er nicht auf ehrliche Weise besiegt werden. Man braucht dazu schmutzige Hände. Der Berater des Ministerpräsidenten, Louis Esselen, hat eine Unterredung mit einem gewissen Jan Taillard, einem ehemaligen Polizeioffizier, der jetzt im Transvaal eine Farm bewirtschaftet. Er beauftragt ihn, Robby in einem seiner Schlupfwinkel aufzuspüren. Da er aus dem Lande stammt und fast alle Farmer kennt, hat er die besten Chancen.

Anfang Dezember 1941 sind die Karten gemischt. Taillard nimmt mit Robby, der von einer Frau Edelhard beherbergt wird, Kontakt auf. Er spielt den Partisanen, gewinnt sein Vertrauen und meldet sich am 19. Dezember bei den Sicherheitsorganen in Pretoria. Es ist ihm gelungen, Fahrer des südafrikanischen SS-Führers zu werden, der den Wagen seiner Gastgeberin benutzt. Am Weihnachtstage muß Robby Johannesburg passieren, um anschließend auf der Landstraße nach Pretoria zu fahren. Er fährt in Begleitung seines Fahrer-Spions und zweier Frauen ab. Die Polizei weiß Bescheid und hat ihre Falle gestellt, die sich am Jukskeifluß öffnet und an der Wierdabrücke schließt. Ein vorgetäuschter Unfall versperrt den Weg. Die Polizisten stürzen sich auf den Chauffeur und zerren ihn vom Sitz, dann machen sie Leibbrandt unschädlich, der so überrascht ist, daß er nicht mehr dazu kommt, seine beiden Revolver zu ziehen. Er überschüttet sie mit Beschimpfungen, als ob er immer noch auf der KYLOE wäre.

*

KYLOE erreicht den richtigen Passat am 26. Juni. Der Himmel strahlt wieder blau, die Wolken sind riesige weiße Schiffe, die Männer nackt an Deck. Keine Sturmböen mehr, aber grobe See. Wale. Fliegende Fische. Der letzte Albatros verabschiedet sich hastig von der Yacht, die bereits den halben Erdumfang zurückgelegt hat. Die Nächte sind unvergeßlich. Der Große Bär steigt wieder am nördlichen Himmel empor.

Am 5. Juli wird bei Windstärke fünf bis sechs der Äquator passiert. Die Tage sind unerträglich heiß. Die Männer müssen sich gegenseitig mit Pützen voll Meerwasser begießen. Aber die unermüdliche Besatzung macht auch ein Großreinemachen. Wieder fliegt alles Überflüssige über Bord. Auch die leeren Wassertanks gehen diesen Weg. Nach dem Abwurf von Ballast und frei von den Kästen, die es verdeckten, wird in der Kabine des Kommandanten plötzlich ein WC entdeckt!

Einmal kreuzt ein hell erleuchteter und daher neutraler Dampfer den Weg der Yacht. Die Besatzung paßt weiter scharf auf. Manchmal wird ein Stern über der Kimm mit einem Schiff verwechselt. Jupiter ist im Osten wieder erschienen und Venus im Westen.

Eines Morgens springt Kuddel vom Radio auf, das er abgehört hat, und weckt den Kommandanten.

„Die Amerikaner haben Island besetzt!"

Christian Nissen runzelt die Stirn. Sie werden also in den Krieg eintreten, die Hand auf die Azoren legen, vielleicht sogar auf die Kanarischen Inseln! Das ändert alles. Er ist beunruhigt und denkt daran, die Route für den letzten Teil der Fahrt zu ändern. Aber er trifft niemals wichtige Entscheidungen, ohne seine Besatzung zu fragen. Seine Matrosen sind in erster Linie Kameraden, Sportkameraden. Er holt sie abends an Deck zusammen und sagt ihnen: „Die spanischen und portugiesischen Gewässer werden in Zukunft von den Amerikanern überwacht. Eine richtige Yacht wie unsere ist jetzt eine schlechte Tarnung. Hätten wir einen Fischkutter, dann wäre alles anders. Unter diesen Umständen Kap Finisterre zu runden, wäre ein zu großes Risiko. Ich meine, es wäre besser, nicht über den Wendekreis nach Norden zu gehen, sondern das Boot in einem neutralen Hafen zu lassen, zum Beispiel in dem kleinen Hafenplatz Villa Cisneros in der spanischen Kolonie Rio de Oro (Spanisch-Sahara).

„Villa Cisneros ist ein Nest mit 500 Einwohnern und einer Tankstelle", wirft Paul Temme ein. „Wie kommt man aus diesem Loch je wieder heraus?"

„Berlin wird uns schon ein Flugzeug schicken!"

„Besser das Boot in Las Palmas internieren lassen", meint Hajo Kutscha. „Die Kanarischen Inseln bieten mehr."

„Und wenn wir auf Amerikaner stoßen?"

„Unwahrscheinlich", erklärt Heinrich Garbers. „Aber Las Palmas wimmelt von Spionen aller Schattierungen. Vierundzwanzig Stunden nach dem Einlaufen weiß man über uns Bescheid."

Die Frage bleibt offen. In ihrer Mehrheit ist die Besatzung dagegen, die gewaltige Reise zu unterbrechen. KYLOE läuft jetzt ohne das Gewicht des Wassers und der Lebensmittel viel besser, und die Takelage ist trotz der Belastungen immer noch gut in Schuß, allerdings auch wegen der Sorgfalt, die ihr die Besatzung angedeihen läßt.

Am 13. Juli frischt es auf. KYLOE läuft unter Trysegel und Fock. Der Gischt sprüht von vorn nach achtern über das Deck. Die Hitze am Äquator ist vergessen. Die Besatzung wirkt entspannt und ist bester Laune. Es gibt allerlei Späße, von der Pütz, die über einer Kabinentür balanciert, bis zu der Festmacheleine, die in Age Nissens Bett versteckt ist. Die Wachen gehen schneller vorüber dank des Ratespiels: Welches ist die Hauptstadt von Bolovien? Mainz ist ein Gegenstand, den die römischen Legionäre brauchten... Man spricht von großen Kreuzfahrten im Frieden. Jeder beklagt, daß Krieg ist. Wie schön wäre es, jetzt in der Ostsee zu segeln, aber mit Frauen und Kindern an Bord!

Der Kommandant bleibt unruhig und schweigsam, denn er muß jetzt, wo sich die Yacht dem Wendekreis nähert, eine Entscheidung treffen. Nach reiflichem Abwägen des Pro und Kontra entschließt er sich, KYLOE in Villa Cisneros zu lassen. Dieser Entschluß geht allen weiteren Schwierigkeiten aus dem Wege, zumal bedacht werden muß, daß die Amerikaner voraussichtlich auch in Kürze die Azoren besetzen werden, womit eine verstärkte Kontrolle aller Schiffahrtswege zwischen dieser Inselgruppe und Spanien zu erwarten ist. Den Ausschlag aber gibt das Seehandbuch, das Villa Cisneros als Zwischenlandeplatz der italienischen Fluglinie Buenos Aires – Rom bezeichnet. Diese Angabe läßt hoffen, daß die gesamte Besatzung auf freien Plätzen in diesen Maschinen innerhalb kurzer Zeit wieder nach Hause kommen kann, nachdem der Auftrag erfüllt war. Die sichere Rückkehr der Besatzung war von der Abwehrstelle besonders betont worden.

Wie auch immer, die Entscheidung ist gefallen. Paul Temme steckt den neuen Kurs ab, und Garbers macht sich daran, eine spanische Flagge zu nähen. Der Kommandant studiert das Seehandbuch. Die Küste von Rio de Oro weist in ihrer ganzen Länge keine Gefahren auf. Sie ist einem ewig wehenden Passatwind ausgesetzt, der aus der Sahara kommt und Stärke sieben erreichen kann. Bei Vollmond und Neumond herrscht Windstille, es regnet nie, und es gibt auch keinerlei Vegetation. Villa Cisneros ist ein spanischer Militärstützpunkt. Es liegt ganz innen am Ende einer tiefen Bucht, die zum Schluß in Salzsümpfe übergeht. Die Küstengewässer sind sehr fischreich, und oft kommen Fischer von den Kanarischen Inseln und aus Spanien hierher. Nichts spricht eigentlich dagegen.

Der 14. Juli und die folgenden Tage bis zum 18. sind wechselhaft. Von Zeit zu Zeit kündigen dicke schwarze Wolken Böen an. „Es kommt!" ruft der Rudergänger, dann wird die Fock geborgen, man bringt eine Persenning gegen den Regen aus und holt das alte Ölzeug aus dem Schapp. Aber dann lösen sich die Wolken auf, bevor sie sich entladen. Es ist, als wollte das Wetter bluffen. Die Wache flucht und setzt das Segel. Ein anderes Mal regnet es in Strömen, aber es kommt kein Wind. Oder es stürmt und regnet nicht.

Die Abende sind eindrucksvoll. Die Sonne sinkt wie ein gelber Brandsatz zum Horizont herab und wird in Sekundenschnelle vom Wasser gelöscht. Dann zerläuft die Dämmerung in unglaublich zarten Farben, dem Blau des Kopenhagener Porzellans. Nachts leuchtet die Bugsee und wirft Reflexe in die Segel.

Am 19. Juli kommt eine schwache Brise aus Nordost durch, und sobald es hell ist, setzen Temme und Garbers Großsegel und Genua. KYLOE läuft so schnell wie noch nie seit Beginn der Fahrt, erst fünf, dann sechs und schließlich acht Knoten. Den ganzen Tag wird dieses Tempo durchgehalten, ohne daß die Yacht dabei im geringsten rollt. Die Besatzung nutzt diese Ruhe, um den Rest des Gasöls in den Motortank umzufüllen.
Am 20. Juli werden 200 Meilen abgespult, aber am 21. läßt der Wind nach, und der Motor muß zu Hilfe genommen werden. Die Sonne versteckt sich hinter gelben, ja fast roten Wolken, die, mit Sandstaub beladen, von der Küste herkommen. KYLOE zieht eine lange Furche durch das spiegelglatte Meer. Nur noch 100 Seemeilen bis Villa Cisneros. Je näher man an die Küste kommt, um so schwerer wird die Luft. Die Besatzung ist jetzt doch sehr erschöpft. Temme gelingt es im letzten Moment, noch einige Sterne zu schießen, um einen Schiffsort zu bekommen.
In der Nacht des 22. Juli legt sich dichter Nebel über das Wasser. Um 3.00 Uhr in der Frühe klingt bedrohlich nah ein Nebelhorn. Die Wache sieht schreckensbleich das rote und grüne Licht eines Küstenfahrers, der dann einen Steinwurf weit vor dem Bug vorbeirauscht. Eine Kollision ist mit knapper Not vermieden. Für das Geisterschiff ist es jetzt höchste Zeit, sich zu materialisieren. Zum ersten Male werden die Seitenlichter eingeschaltet und das Nebelhorn in Tätigkeit versetzt.
Temme fängt an zu loten. Gegen 10.00 Uhr morgens sind es noch 200 Meter, aber es wird schnell flacher, 100, dann 80, dann 60. Die Küste kann nicht mehr weit entfernt sein. In dem dichten Nebel trieft alles vor Feuchtigkeit. Dann wird der Nebel voraus plötzlich heller, und es erscheinen die weißen Kämme gewaltiger Brecher.
„Voll zurück!" befiehlt Christian Nissen.
KYLOE steckt den Bug weg, läuft noch ein paar Minuten in Richtung des offenen Wassers ab und stoppt. Der Anker rauscht aus. Das gut geölte Spill funktioniert wie am ersten Tag. Die Yacht wiegt sich leicht in der Dünung.
Es ist ein feierlicher Augenblick. KYLOE hat fast 14 400 Seemeilen zurückgelegt und in 111 Tagen Seefahrt keinen einzigen Hafen angelaufen, das ist wahrscheinlich eine der längsten bis dahin bekanntgewordenen Fahrten einer Segelyacht. Alles ist in erstklassi-

gem Zustand, und es wäre ohne weiteres möglich, noch Tausende von Meilen zu segeln. Die Besatzung ist müde, aber nicht weniger begeistert als zu Anfang. Ihr Kapitän hat trotz der wüsten Stürme im Südatlantik keinen Mann verloren, und bei den Begegnungen mit dem Feind ist alles klargegangen. So sieht die Bilanz einer Fahrt aus, die bis dahin einmalig dasteht, die aber Garbers in den folgenden Jahren noch überbieten wird. Sie ist die Krönung einer aus gemeinsamer Liebe zum Segeln geborenen Leistung.
Christian Nissen wartet jetzt, daß der Nebel sich lichtet, um eine brauchbare Peilung zu erhalten. Man hört die Brecher, denen man nicht zu nahe kommen darf. Um die Zeit auszunützen, machen sich die Männer an ein großes Reinschiff. Das nasse Deck wird gescheuert, alles, was sich beim Schamfilen gelöst hat, wird abgeschnitten, alte Leinwand und Tauwerk werden über Bord geworfen. Nissen mixt den Cocktail, der die glückhafte Ankunft verschönen soll. Dann rasiert sich jeder.
Sollen sie ihre Kriegsmarineuniformen anziehen? Die Frage stellt sich, sie wird diskutiert. Soll man die Kriegsflagge setzen? Als was soll man sich den spanischen Behörden ausgeben? Als geflohene Kriegsgefangene, die sich irgendwo ein Schiff gekapert haben? Als Seeleute vom Panzerschiff ADMIRAL GRAF SPEE, das im La Plata versenkt wurde? Sie scherzen, weil sie dann Christian Nissen als Kommandanten mit militärischer Form anreden müssen: „Zu Befehl, Herr Leutnant."
Schließlich einigt man sich dahin, in diesen spanischen, also neutralen Hafen unter der Flagge des Deutschen Segler-Verbandes einzulaufen, die aus Tarnungsgründen ebenfalls an Bord ist. Die Besatzung bleibt natürlich in völlig ziviler Bekleidung.
Der Nebel hat sich endlich gelichtet. Die afrikanische Küste wird sichtbar, trostlos und abstoßend, aber reich an Lokalkolorit. Man sieht Kamele, die mit der Bewegung von Dünungswellen dahinziehen. Aber die Wellen sind aus Sand, der unter den immer kräftiger werdenden Sonnenstrahlen erst rosa und dann rot aufleuchtet.
Der Anker wird gelichtet. Der Motor läuft. Ein paar nackte, weiße Bauwerke erscheinen hinter dem Sand, weit entfernt und noch immer halb vom Dunst verdeckt, der über der Wüste lagert. Ist das nun der Hafen von Villa Cisneros? ...
Jetzt nähert sich KYLOE mehreren Fischerbooten, die vor der Küste

ihrem Gewerbe nachgehen. Das nächstliegende wird angepreit und kommt längsseits. Die Verständigung ist einfach, denn Hajo Kutscha spricht als ehemaliger südamerikanischer Fliegeroffizier gut Spanisch. Ein alter Fischer wird gebeten, die Yacht in den Hafen von Villa Cisneros zu lotsen, weil eine unbetonnte Barre vor der Einfahrt in die Bucht liegt. Es handelt sich um das Wrack des großen Passagierdampfers KAISER WILHELM DER GROSSE, der im Ersten Weltkrieg als Hilfskreuzer eingesetzt und in diesen auch damals neutralen Gewässern von einem englischen Kreuzer versenkt wurde. Der Fischer klettert an Bord der KYLOE. Er bringt einen großen Korb frischer Fische mit, die er mit freundlicher Geste überreicht. Dann erklärt er, wo die Barre liegt, und lotst die schöne Yacht, die er sehr bewundert, im großen Bogen in die Bucht des Rio de Oro bis vor das Fort.

Der Anker fällt. Sofort kommen Dutzende von kleinen Fischerbooten mit ihren typischen Dreiecksegeln von Land herübergesegelt, um diesen seltenen Gast zu betrachten. Der Lotse wird reich beschenkt und geht von Bord.

Nun bleibt keine Zeit für weitere Überlegungen, denn eine Pinasse hat bereits von dem kleinen Anleger vor dem Fort abgelegt, kommt längsseits, und ein spanischer Kapitänleutnant mit Adjutant klettern an Bord. Sie werden in die Messe geführt. Allgemeine Begrüßung, Hajo muß dolmetschen. Christian Nissen erzählt ihnen, daß die Besatzung aus deutschen Seeleuten bestehe, die von Buenos Aires herübergesegelt seien, um von hier weiter nach Deutschland zu gelangen, sie seien alle militärpflichtig. Die beiden Offiziere hören höflich zu, bitten aber darum, mit ihnen an Land zu fahren und dem Kommandanten des Forts die Geschichte persönlich vorzutragen.

Also machen sich Christian Nissen und Hajo Kutscha landfein und fahren mit hinüber, wo sie nun erstmals nach fast dreieinhalb Monaten wieder festen Boden unter den noch unsicheren Füßen haben. Sie werden im Fort, einer Anzahl weißer Kasernen und Wohnhäuser, in einen großen Besprechungsraum geführt. Hier sitzen erwartungsvoll mehrere Offiziere, in deren Mitte der Kommandant, von zwei Adjutanten feierlich flankiert, an einem großen Tisch thront. Die beiden deutschen Seeleute werden mit Mißtrauen betrachtet. Der junge Kommandant hört sich schweigsam die von Hajo vorgetragene Geschichte der Seeleute aus Buenos Aires an. Dann spricht er leise mit seinen Offizieren und meint, das sei alles sehr interessant, aber man möge doch nicht erwarten, daß er es auch glaube. Ein längeres Schweigen entsteht. Hajo sieht seinen Kapitän fragend an, und endlich holt dieser aus seiner Tasche einen Briefumschlag heraus und sagt: „Hier, lies ihm das vor." Hajo öffnet den Umschlag, liest den Brief, lächelt etwas erstaunt und übersetzt dem Kommandanten den Inhalt. Dieses Schreiben des Oberkommandos der Wehrmacht Berlin, Abwehrstelle, bestätigt, daß die Segelyacht KYLOE von der deutschen Wehrmacht als Hilfskriegsschiff eingesetzt und alle Rechte der Haager Konvention in Anspruch zu nehmen berechtigt sei.

Hajo überreicht dem Kommandanten das Schreiben zur Begutachtung, der es aber nicht lesen kann, sondern lächelnd erklärt, wenn schon die erste Geschichte recht abenteuerlich geklungen habe, so sei diese neue Sache erst recht völlig unglaubhaft.

Er spricht kurz mit einem Adjutanten und bittet, einen „Don Pablo" zu holen, der auch erscheint. Er wird vom Kommandanten über die Erklärungen der beiden Deutschen informiert, und er liest auch das bewußte Schreiben. „Don Pablo" betrachtet die beiden deutschen Segler eingehend, sieht auf seine Uhr und sagt zum Kommandanten:

„Ich kann in etwa zehn Minuten wissen, ob das Schreiben echt ist."
Es ist kurz vor 16.00 Uhr.
Christian Nissen, dem Hajo Kutscha das übersetzt, meint nur:
„Mal abwarten."

„Don Pablo", den man mit Sicherheit für einen echten Spanier halten könnte, ist nach kurzer Zeit wieder da und sagt zu den beiden Unglaubwürdigen in allerbestem Deutsch:

„Ich habe soeben ein Funkgespräch mit Ihrer Dienststelle geführt, die Sie beglückwünscht und mit Ihren Maßnahmen einverstanden ist."

„Don Pablo" berichtet nun auch dem Kommandanten das Ergebnis seiner Rückfrage in Berlin. Alle Offiziere drücken den beiden Deutschen die Hand, und der Kommandant entschuldigt sich für sein Verhalten. Er gibt zu, daß sie die Yacht mit ihrer Besatzung für einen Spionageversuch der Engländer gehalten hätten, die wahrscheinlich auf den Kapverdischen Inseln einen Stützpunkt haben.

Am folgenden Tage bereits nahm ein italienisches Flugzeug, das aus Buenos Aires kam, den glückhaften Kapitän nach Rom mit, von wo er nach Deutschland reiste. In den folgenden Wochen wurde auch die Besatzung auf dem gleichen Wege zurückgeflogen und erhielt außer einer Auszeichnung nun auch die von Age Nissen meisterhaft gemalten Taufscheine der Äquatorüberquerung, die von Admiral Canaris persönlich unterschrieben waren. Dann ging es in den wohlverdienten Urlaub.

Der Abschied von KYLOE, dieser seetüchtigen und schnellen Yacht, war jedem einzelnen der Besatzung schwergefallen. Zwei spanische Seeleute wurden beauftragt, die Pflege des wertvollen Bootes zu übernehmen; es wurde nach dem Kriege dem französischen Eigner wieder zurückgegeben.

*

Inzwischen überschüttete Robby Leibbrandt seine Wärter im Gefängnis von Pretoria, den Direktor, die Köche, die Verteidiger und den Untersuchungsrichter mit Schimpfworten. Er war wieder der südafrikanische Wolf, dem man sein Territorium genommen hatte. Jeder mußte aufpassen, um nicht anstelle von Pistolenkugeln einen rechten Haken verpaßt zu bekommen.

Er wurde zwei Jahre lang Verhören unterzogen. Das Gericht hörte 186 Zeugen der Anklage. 130 000 Beweisstücke mußten in den Prozeß eingeführt werden. Das war die Bilanz der Aktivität eines einzigen Mannes, der wie sein Vorbild Hitler sich anmaßte, das Antlitz der Erde zu verändern!

Mit Stolz nahm er die Verantwortung für alle Sabotagehandlungen auf sich, für die Aufstellung von Sturmtruppen, die geplante Absetzung von General Smuts, von Pirow, Dr. Malan und von Dr. van Rensburg, der immerhin der oberste Führer der Ossewabrandwag war. Sie alle waren für ihn Verräter am Volk oder unfähig, nach dem Putsch eine verantwortliche Stellung zu bekleiden – der für März 1942 vorgesehen war –, wenn er nicht verraten wäre und nun vor einem Gericht von Voorlopers stünde! Immer noch die Ochsentreiber!

Die Ochsentreiber vom Obersten Gerichtshof verurteilten ihn am 11. März 1943 zum Tode.

Aber er wird nicht hingerichtet! General Smuts ist klüger als ein de Gaulle. Er wollte keinen Märtyrer schaffen, der für Jahrhunderte den Buren ein Vorbild in ihrem Kampf gegen die englische Herrschaft geben würde. Seine Strafe wird am 22. Dezember 1943 in lebenslange Haft umgewandelt. Als die südafrikanische Nationalistenpartei die Macht übernimmt, vergißt der Präsident Malan die schlimmen Absichten des Revolutionärs und amnestiert ihn am 26. Mai 1948.

Er lebt von da an auf einer Farm im Transvaal, zusammen mit der jungen Frau, die er heiratet, und zwei Kindern. Der Krieg war verloren, seine Götter waren tot. Wie viele andere aber glaubte auch die südafrikanische SS fest an ihre baldige Wiederauferstehung. Das Rad der Geschichte ließ die Sieger in Vergessenheit geraten und brachte die Besiegten ins Rampenlicht. Der Springbock, der Meister im Mittelschwergewicht, der Agitator Robby Leibbrandt wird immer berühmter. Man schreibt Bücher über sein Leben und seine Odyssee. Nun aber ist er krank und wird nicht wieder in Aktion treten. Noch einmal wird er verhaftet, als er 1952 vor einem Kino in Johannesburg eine Menschenmenge mit antisemitischen Parolen aufputscht. In dem Kino wird der Film „Rommel, der Wüstenfuchs" gegeben. Man läßt ihn bald wieder laufen. Dann verschwindet er gänzlich aus der politischen Szene und stirbt vorzeitig, zweiundfünfzigjährig, im Jahre 1966.

IV.

PASSIM
1942
-1944

I. Unnötiges Opfer

Der Mann, der von 1942 an mit den zukünftigen Geisterschiffern eng verbunden ist, weil er die See leidenschaftlich liebt, voll vor Unternehmungslust ist und darüber hinaus die Materie kennt wie kein anderer, ist Heinrich Garbers. Christian Nissen, sein Kamerad, ist an andere Stelle berufen.
Garbers ist an der Elbe geboren. Man sagt von ihm, er sei als Kind öfter im Hafen gewesen als in der Schule. Das ist nicht ganz unmöglich, denn bei seiner Einhandüberquerung des Atlantiks im Jahre 1938 waren seine Künste in astronomischer Navigation nicht gerade überragend. Er mußte sich allein mit Breiten behelfen, ganz wie die früheren Kapitäne, die weder lesen noch schreiben konnten. Das hinderte ihn aber nicht daran, 52 Tage nach seiner Abfahrt aus Falmouth haargenau nach New York einzusteuern.
Als junger Mann besaß er eine Rennjolle, mit der er heimlich nach Helgoland segelte. Mit seinen 24 Quadratmetern Segelfläche kam er alsbald wieder die Elbe herauf, wobei er dem Zoll ein Schnippchen schlug, denn sein Boot war voll beladen mit Kaffee, Schokolade und Reis, lauter Dingen, die auf der Insel zollfrei zu haben waren und auf dem Schwarzmarkt hoch im Kurs standen. 1919 wurde in der Weimarer Republik sehr gehungert. Er war in seiner Art ein letzter „Geuse". Da er aber zu spät auf die Welt gekommen war, gab es nichts mehr zu entern und als Prise zu kapern. Als Ausgleich hatte er sich dem sportlichen Segeln zugewandt. Sein erstes Seeschiff WINDSPIEL III baute er eigenhändig aus Stahl. Es maß 9,80 Meter mal 2,70 Meter und hatte ein Norwegerheck. Er beteiligte sich damit erstmalig bei den Regatten in Burnham im Jahre 1935. Die kleine Seejungfrau, die WINDSPIEL als Bugzier trug, tauchte dann in allen Fahrtenregatten der Ostsee und 1937 auch in Holland auf; sie siegte nach berechneter Zeit über das ganze Feld. 1938 überquerte er allein den Atlantik und kam auf einem Frachter zurück, da die Jahreszeit schon zu weit fortgeschritten war, um auch zurück zu segeln. Bei Kriegsausbruch war er Werkmeister in einer Hamburger Werft. Christian Nissen hatte ihn dort aufgetrieben, als er im Januar 1941 die KYLOE-Besatzung zusammenstellte. Auf KYLOE hatte er gelernt, auch Längen astronomisch zu berechnen. Damit konnte er jetzt anstandslos einen Nord-Süd-Kurs einhalten. Vier Monate

intensiver Studien nach seiner Rückkehr vermittelten diesem frustrierten Geusen alle Kenntnisse, die ein Kapitän auf großer Fahrt besitzen muß. Als er sein Patent haben wollte, wurde ihm in Berlin gesagt:
„Verlieren Sie nicht Ihre Zeit. Sie haben alle notwendigen Kenntnisse. Die Seekriegsleitung braucht Sie für die Langfahrten unter Segeln."
Heinrich Garbers fand sich alsbald in Le Havre bei dem Kapitänleutnant, der von Admiral Canaris angefordert worden war, um den Stützpunkt zu organisieren.
„Können Sie mir ein Boot vorschlagen?" fragte dieser lässig.
In Wirklichkeit dachte er: Hier ist ein Genosse, der mit leeren Händen zu mir kommt, ein Auto mit Fahrer verlangen wird, alle Häfen Frankreichs abklappert und mir eines schönen Tages aus Deutschland schreibt, daß er Zahnschmerzen hat und nicht fahren kann. Aber ganz entgegen seinen Erwartungen erklärt Garbers ohne zu zögern:
„Vogel, ein Hamburger Boot, wäre geeignet! Dies ist eine sehr schöne und stabile norwegische Yacht, die man leicht mit einer Gaffel umtakeln und als Fischer tarnen kann."
Der Kapitänleutnant fährt zusammen, runzelt die Brauen und antwortet:
„Das geht nicht!"
Aus gutem Grund fügt er den Grund nicht hinzu: Die Yacht gehört seinem Bruder!
Heinrich Garbers bekommt also nicht die Yacht Vogel, sondern Wagen und Fahrer, die er braucht, um die französischen Häfen abzuklappern. Er entdeckt zwischen Dünkirchen und Arcachon genug Boote, aber keins entspricht seinen Vorstellungen. Er ist im übrigen pingeliger als Christian Nissen, vielleicht weil das in seiner Natur liegt, vielleicht aber auch aus der Notwendigkeit heraus. Die Abwehr des Admirals Canaris will, daß er mehrere Fahrten nach Portugiesisch-Angola und Südamerika unternimmt. Garbers glaubt in Berlin herausgehört zu haben, daß man von ihm nicht bloß kurze Unternehmungen, deren Gelingen Glückssache ist, verlangt, wie mit Soizic und Anni Braz Bihem, sondern ein richtiges Verkehrsunternehmen. Nur gut, daß der Admiral nicht gleich einen Fahrplan von ihm verlangt hat!

Nach längerem Zögern entscheidet er sich für Passim, die in Brest auf Reede liegt. Sie gehört vier Brüdern, die das Boot nach den Plänen der französischen Thunfischfänger bauen ließen. Es verdrängt 30 Tonnen, ist 16 Meter lang und 4,50 Meter breit, hat 2,40 Meter Tiefgang und trägt einschließlich Toppsegel 140 Quadratmeter Segelfläche. Es ist wohnlich, sogar bequem, wie es für Langfahrten ohne Zwischenhäfen notwendig ist. Es gibt nur eins, was dagegen spricht: Die Geschwindigkeit ist nicht besonders groß. Garbers erörtert das Problem mit Klaus Langhorst, den er bereits angemustert hat, und sagt ihm:

„Man wird nie mehr als 7 bis 8 Knoten aus diesem Schiff herausholen, bei 2 Meter benutzter Rumpftiefe und ebensoviel oben."

„Das glaube ich auch", antwortet ihm Langhorst. „Aber die Maschine macht einen ausgezeichneten Eindruck!"

„Es kann in Landnähe nützen, obwohl 16 PS nicht viel sind, aber auf See... Na ja, man segelt ja schließlich."

Heinrich Garbers kauft daher Passim und bringt das Boot nach Arcachon. Er denkt, je weiter südlich er ist, desto weniger Meilen hat er bis zur Südhalbkugel zu laufen! Er hält das Becken von Arcachon, in dem fast ausschließlich Austernzüchter und Sportsegler heimisch sind, für das geheime Kommen und Gehen einer Yacht geeigneter als Brest. Hier werden nicht wie in Brest, Lorient, Saint-Nazaire und Bordeaux U-Boot-Bunker gebaut. Hier gibt es für die feindliche Spionage, die in den großen Häfen sehr aktiv ist, wenig zu holen.

Diese Argumente sind auf den ersten Blick einleuchtend, aber in Wirklichkeit falsch, weil sie auf Unkenntnis der französischen Wirklichkeit beruhen. Arcachon ist ein Clochemerle. Die Wälder des Landes umschließen es auf drei Seiten. Die Menschen, die in dieser Einsamkeit leben, neigen zur Nachdenklichkeit und kultivieren alles Geheimnisvolle. Wie die bretonischen Fischer sind auch die Seeleute von Arcachon früher Bauern gewesen, aber hier unten waren sie noch pfiffiger als weiter oben im Norden. Wenn eine deutsche Besatzung behauptet, sie wolle im Bassin von Arcachon im Kriegsjahr 1942 seglerische Freuden genießen, so kann dies nur ein verächtliches Lächeln hervorrufen. Arcachon ist nur 60 Kilometer von Bordeaux entfernt, wo ein U-Boot-Stützpunkt gebaut wird und wo folglich ein englischer Spion residiert.

Kaum eine Woche nach der Ankunft der PASSIM und Garbers mit seiner Besatzung in Arcachon kann London kaum umhin, sich einige Fragen hinsichtlich dieser Sache zu stellen. Sie ist zwar nicht so wichtig wie die Anwesenheit von SCHARNHORST und GNEISENAU in Brest, aber sie schreit ebenso nach einer Antwort. Kann es ein Schulboot sein? Zu klein! Eine Yacht, die den U-Boot-Fahrern nach Rückkehr von einer Unternehmung zur Erholung dient? Ähnlich wie der Skilauf den Flugzeugführern der Stukas? Nicht sehr wahrscheinlich. Eine Yacht, die in Portugal Agenten der Abwehr absetzen soll? Diese Hypothese erscheint plausibel, aber wie sollten die englischen Geheimdienste sich auch vorstellen können, daß Garbers in aller Ruhe und ohne selbstmörderische Absicht auslaufen könnte, um Mossamedes und die Küste vor der Namib-Wüste in Südafrika anzusteuern?

*

PASSIM passiert die Rinne, die von Arcachon zwischen den vorgelagerten Sandbänken zur freien See der Biscaya führt, am 2. August 1942. Die Besatzung besteht aus einem Funker, einem Koch und vier Matrosen. Garbers hat die von Christian Nissen bei Beginn der Unternehmen der Geisterschiffe gemachten Fehler nicht wiederholt. Er hat sich seine Besatzung aus alten Segelkameraden zusammengestellt. Alle sind erfahrene Hochseesegler. Alle kennen sich schon lange; sie kommen von der Elbe oder der Ostseeküste, sie sprechen Deutsch mit dem gleichen Akzent, und sie kennen alle die gleichen seemännischen Ausdrücke. Sie sind fest verwurzelt und bieten daher die Gewähr, daß sie auf einer sehr langen Reise miteinander auskommen werden.

Garbers ist kein Kamikaze. Er will seine drei Passagiere an der südafrikanischen Küste absetzen, aber in Freiheit und lebend mit seinen Kameraden zurückkommen. Seine Kühnheit wird aufgewogen durch sehr große Vorsicht. Er ist nicht dumm und außerdem mißtrauisch, und er hat mitbekommen, daß die Einwohner von Arcachon alles über PASSIM und seine Besatzung wissen, mit Ausnahme des entscheidenden Punktes. Sie wußten nicht, daß Garbers den militärischen Dienstgrad eines Leutnants hatte, und sie ahnten nicht, was für ungeheure Mengen an Wasser und Lebensmitteln an Bord geschafft worden waren. Vor allem aber wußten sie nichts von der Ladung Schiffsfarbe!

Als 30 Seemeilen von der Ausfahrt entfernt die Dämmerung hereinbricht, pfeift Garbers alle Mann an Deck, einschließlich der Passagiere, und läßt sie über die Farbtöpfe herfallen. Die Yacht ist weiß wie ein Schwan aus Arcachon ausgelaufen. Bei Morgengrauen ist sie blau. Der Kommandant hat riesige Ruten, wie man sie beim Thunfischfang braucht, an den Wanten befestigen lassen. Am Heck weht die portugiesische Flagge. Die Sunderland, ein Langstrecken-Aufklärungsflugzeug, das auf Veranlassung des britischen Geheimdienstes vormittags in geringer Höhe vorbeifliegt und nach einer weißen Yacht sucht, die mit unbekanntem Ziel verschwunden ist, sieht nur einen blaugemalten portugiesischen Thunfänger, der offenbar Kurs auf Santander steuert. Wenn das Wasserflugzeug sich nicht mit einer oberflächlichen Überprüfung begnügt hätte, wäre vielleicht aufgefallen, daß die Bordwand nicht sauber bis zur Wasserlinie gemalt war. Dies war wegen des Rollens in der See nicht möglich gewesen. Aber was kann man schließlich von Fliegern erwarten?

PASSIM steuert jetzt mit leichtem achterlichem Wind, eine gute Gelegenheit, sich auszuruhen. An Deck ausgestreckt mit bloßem Oberkörper, sonnen sich Klaus Langhorst, der Smut und Hans Gaden, während der Kommandant am Ruder sitzt. Ohne den Besuch der Sunderland hätten sie meinen können, die schönen Friedenstage wären wiedergekommen. So konnte man sich nur nostalgischen Erinnerungen hingeben. Im August ist die Biscaya friedlich, ohne Stürme und Engländer. Aber man darf sich nicht darauf verlassen! Zwei Tage später hören sie im portugiesischen Radio, daß eine Sunderland vor Kap Finisterre Fischerboote mit Maschinengewehren beschossen hat. PASSIM muß hier vorbei, bevor sie den Atlantik erreicht. Die Anweisungen aus Berlin schreiben diese Route auch vor.

Nachdem das Kap erreicht und passiert ist, sagt Garbers zu Langhorst:

„Diese Bürohengste sind doch blöde Ochsen! Warum, zum Teufel, sollte ich mich auf die Konvoiroute im Atlantik begeben, wenn ich mich hier, dicht unter der Küste, so schön unter den vielen Fischern verstecken kann?"

Er steuert weiter Süd dicht unter der Küste zwischen vielen Fischern bis Lissabon. Nur ist die Tarnung der PASSIM nicht so gut, wie ihr Kommandant glaubt. Zunächst einmal sind nie mehr als drei Mann an Deck, während auf den portugiesischen Thunfängern 15

bis 20 Mann herumwimmeln, und die würden nie daran denken, bei diesem herrlichen Wetter mit bloßem Oberkörper zu arbeiten wie die Deutschen!
Darum ändern viele echte portugiesische Thunfänger Kurs auf PASSIM und passieren vielleicht 20 Meter entfernt, während sie schreien:
„Amigo! Amigo!"
Und die Deutschen antworten winkend:
„Amigo! Amigo!"
Die oberflächliche Prüfung verläuft ohne Schwierigkeiten. Die echten portugiesischen Fischer haben keine Veranlassung, von vornherein diesem Landsmann zu mißtrauen. Aber Garbers Taktik hat noch andere schwache Punkte, die unter unglücklichen Umständen zur Katastrophe führen könnten. Er ist getarnt als Thunfänger mit Angelleinen, aber er weiß nicht, daß die Thunfische erst Ende August in diesem Gebiet auftauchen. Die Portugiesen wissen das um so besser! Beim Anblick der langen Ruten in den Wanten der PASSIM verzehrt sie die Neugier. Sie wollen wissen, ob man Fische angetroffen hat oder nicht.
„Bonito?... Bonito?... Bonito?..."
Da er keine Ahnung hat, aber vorsichtig ist und nicht zum Gegenstand des Neides werden will, auf der anderen Seite aber erklären muß, wo, wann und wie er glücklicher als die anderen Thunfischer außerhalb der Saison gefangen hat, antwortet er:
„Ni um Bonito!"
Die Neugier legt sich.
Die Fahrzeuge sind ein paar Sekunden auf Gegenkurs, dann bleiben sie achteraus, und das Geisterschiff hat seine Prüfung bestanden. Es nimmt Kurs auf Madeira.

*

Garbers lebte von nun an zeitlos, in der Einsamkeit der Ozeane, die allein die alten Segelschiffe auf der Suche nach den Passaten kannten. In den nächsten 70 Tagen sehen die Deutschen keine Rauchwolke und kein Segel. Sie hätten meinen können, sie entdeckten das Urmeer des Planeten vor dem Erscheinen des Menschen, wenn das Radio sie nicht von Zeit zu Zeit mit ihrer Heimat und den Gebieten verbunden hätte, wo sich die Völker gegenseitig zerfleischten.

Alle 14 Tage meldete sich Berlin, alle 2 Tage Passim ... Nichts zu melden ... Nichts zu melden aus dem Paradies Meer.
Garbers hat Madeira passiert und Kurs auf die Kanarischen Inseln genommen. Aber um nicht zu früh in den Passat zu kommen, der ihn vorzeitig an die brasilianische Küste getragen hätte, hielt er sich jetzt etwas weiter östlich und strebte dem Äquator entgegen. Trotz der yachtmäßigen Überhänge konnte Passim nicht sehr hoch am Wind segeln und kam auch bei günstigsten Bedingungen nicht über 9 Knoten. Tag für Tag aber fuhr er weiter in die unerbittlichen Weiten des Meeres unter einem Himmel, der immer pathetischer wurde. Die kleinen, taubengroßen Wasservögel, die nach der Legende die Seelen der Ertrunkenen beherbergen, hatten Passim von der Höhe Gibraltars begleitet. Jetzt verließen sie das Schiff. Der Ozean war leergefegt. Auch der Himmel, durch den nur selten einmal ein Tölpel herangesegelt kam, um sich, noch seltener, in der Takelage auszuruhen.
Von Bord nichts zu melden, außer Routinearbeiten. Der falsche Friede ließ indessen kein Nachlassen zu. Garbers sorgte dafür, daß Passim stets so sauber war, daß sie an einer Regatta eines englischen Yachtclubs hätte teilnehmen können. Allerdings war es unmöglich, die Außenhaut sauberzuhalten, an der sich riesige Entenmuscheln ansetzten. Dafür wurde mit um so mehr Sorgfalt die Takelage und Besegelung, aus der das Schiff seine Kraft zog, in Ordnung gehalten. Die Segel waren bereits stark beansprucht, aber der Kommandant wußte, daß sie noch Tausende und Abertausende von Seemeilen halten mußten.
Auf 20 Grad Nord ging Garbers auf Steuerbordbug. Von nun an trieb ihn der Südostpassat bis vor Trindade. Dann nutzte er die Westwinde, die ihn zur afrikanischen Küste bringen sollten. Er fand hier wieder, was die Kap-Horniers, die Tee- und Opiumklipper vor hundert Jahren entdeckt hatten: eine Welt, die vom Willen und der Kühnheit des Menschen bezwungen werden mußte.
Garbers stellte sich nie die Frage, ob die Herrschaft des weißen Mannes auf allen Weltmeeren gut war oder nicht. Er wußte nur, daß dann, wenn man der Sache auf den Grund ging, alle diese Schiffe – die Windjammer und Teeklipper, die Vollschiffe mit ihren Rahsegeln – immer nur ausgerüstet wurden um niedriger Zwecke willen: höhere Geschwindigkeit, mehr Ladung, um mehr Geld einzubrin-

gen. Um erster zu sein, hatte man unglaublich waghalsige Kapitäne gebraucht, ganze Besatzungen geopfert und vom Genie der Schiffbauer profitiert. Aber daraus war ein Heldenepos erwachsen. Was war seine Mission im Rahmen dieser Entwicklung wert? Als apolitischer Mensch konnte er darauf nur als Seemann antworten. Die Geisterschiffe des Admirals Canaris, auf denen er und seine Kameraden dienten, nahmen die Geschichte der hölzernen Schiffe in ihren Anfängen auf: die Entdeckung einer Welt, die wegen des Seekrieges wieder gefahrvoll geworden war. Zwischen Garbers und den Wikingern, die Amerika entdeckten, gab es plötzlich wieder eine Kontinuität.

Der Äquator wurde am 12. September passiert. Neptun nahm die traditionellen Zeremonien vor, aber statt eine Flasche Bier über den Köpfen der Täuflinge auszuleeren, schüttete er den Inhalt in ihre Mäuler.

PASSIM segelte jetzt auf einem Meer der Geborgenheit. Der Horizont war immer näher gekommen, begrenzt von zartem Dunst. Verglichen mit der feuchten Schwüle der Tropen, erschien die Luft jetzt geradezu kalt. Das bleiche Licht, das aus dem grau überzogenen Himmel auf die Segel von PASSIM fiel, war wie die Ankündigung eines echten Besuches von Neptun. Wollte der Gott den drei Geheimagenten, die er an Bord hatte, Absolution erteilen? Garbers wußte nichts von ihnen, außer, daß sie Deutsche waren, unmittelbar dem Admiral Canaris unterstanden und sich einem sinnlosen Dienst verschrieben hatten wie so viele andere Menschen, die Geschichte gemacht hatten. Aber wenn auch Garbers nichts über die Aufgabe dieser Agenten wußte, so war ihm doch bekannt, daß alle bis dahin heimlich ausgeschifften Agenten – zuerst von U-Booten, dann von SOIZIC und KYLOE – nur eine unbedeutende Rolle gespielt hatten, bevor sie den Tod gefunden hatten oder in die Hände des Feindes gefallen waren. Er hatte daher Hochachtung vor seinen drei Passagieren, die vielleicht auch sterben würden. Sie betrugen sich als gute Kameraden und bei Gelegenheit als brauchbare Seeleute, ganz im Gegenteil zu dem burischen Halbgott, der auf KYLOE so unerträglich gewesen war. Zwei der Agenten sollten an der Küste vor der großen Namib-Wüste abgesetzt werden, der dritte in der Mossamedes-Bucht.

*

Am 5. Oktober ließ der Kapitän der Passim die Kriegsflagge setzen, um die ehemalige deutsche Kolonie Südwestafrika zu grüßen, die die Engländer 1918 annektiert hatten. Seit der Annäherung an die portugiesische Küste bei Lissabon hatten sie seit 70 Tagen kein Land mehr gesehen. Dieses hier zeigte sich feindlich und trostlos. Es war gesäumt von Sandstränden, die ohne Unterbrechung von einer Brandung beschirmt wurden, deren Gischt unter den sengenden Sonnenstrahlen wie Tropfen flüssigen Goldes niederfiel. Es war, als ob die südafrikanischen Goldminen ihre Überproduktion des kostbaren Edelmetalls an dieser Küste verstreuten. Hinter dem Strand dagegen gab es keine Goldminen, keine Städte. Nicht einmal eine Farm oder einen Baum.
Es gab nicht die geringste Landmarke, die dem Kapitän ermöglicht hätte zu wissen, wo genau sein Landfall war. Den beiden Agenten, die zuerst abgesetzt werden sollten, war es ziemlich gleich. Sie mußten so oder so 300 Kilometer zu Fuß durch die Namib-Wüste wandern, es sei denn, sie würden Esel finden, auf denen sie reiten konnten. Sie führten zu diesem Zweck Sättel mit sich. Die ganze Sache war irrsinnig.
Das Material wurde mit größter Sorgfalt in einem der Schlauchboote verstaut. Als er den schweren Stromerzeuger sah, mit dem das Radiogerät betrieben werden sollte, sagte Garbers:
„Das Ding können Sie unmöglich 300 Kilometer weit tragen!"
„Wieso? Wir haben es im englischen Sudan getragen! Wir sind daran gewöhnt!"
Garbers zuckte mit den Schultern und ließ die beiden Anker auf 12 Meter Tiefe fallen. Passim wiegte sich friedlich auf einer langen Atlantikdüne. Die Sonne stieg schnell empor. Die gewaltige Wüste schien mit ihren roten Wellen eine Verlängerung der grünen Wellen des Meeres zu sein, aber verwandelt in eine feindliche und düstere mineralische Welt, die die beiden Agenten stumm betrachteten.
„Ich schleppe Sie bis an den Strand", sagte der Kapitän.
Er ließ sich Zeit. Passims Gegenwart vor der großen Namib-Wüste war etwas anderes als die von Soizic in der Baltimore-Bucht. Meer und Land waren in eine vollkommene Stille gehüllt, so als ob das Geheimnis der Unternehmung bis zum Schluß gewahrt bleiben sollte. Die Stunde des Abschieds war gekommen. Ein seltsames Ge-

fühl schnürte die Kehlen der Seeleute zu. Jeder war sich im klaren darüber, wie gewaltig das Abenteuer war, dem sich die beiden Agenten verschrieben hatten. Sie selbst schienen davon unberührt, nur auf den Erfolg ihrer Aufgabe bedacht. Sicher wären sie bereit gewesen, in den alten Ruf der Auswanderer des 19. Jahrhunderts auszubrechen, die ihr Glück in Australien machen wollten, und so, als ob sie ein Kap Hoorn beschwören wollten, das sie von Ost nach West runden mußten, ausriefen: „Melbourne oder zur Hölle!"
„Schlauchboote klar!" befahl der Kommandant.
Alle ließen sich in die Boote fallen. Das Boot der Agenten schien überladen zu sein, und Garbers fragte sich, ob es die Sandbank überwinden würde.
Die Matrosen pullten aus Leibeskräften, und das Ufer wurde immer deutlicher sichtbar. Über der Barre schäumten ein paar schwache Brecher. Sie kamen gut hinüber. Garbers warf die Schleppverbindung zu spät los, so daß die Agenten nicht mehr selbständig manövrieren konnten. Das Boot kenterte, aber wurde doch an den Strand gespült. Garbers brauchte keine Angst mehr um das Leben der Männer zu haben und kehrte um.
Sofort nach der Rückkehr an Bord ließ er die Anker aufholen und Segel setzen. In seinem Glas konnte er deutlich die beiden Agenten sehen, die ihr durchnäßtes Material am Strand ausbreiteten.
„Ich hoffe, ihr Sender ist auf Tiefe gegangen", sagte der Koch. „Ohne ihn haben sie wenigstens eine kleine Chance, lebend durch die Wüste zu kommen!"
PASSIM entfernte sich jetzt von der Küste. Die beiden Körper waren nur noch Punkte auf dem roten Sand. Es war das letzte, was die Besatzung von den Gefährten sehen sollte. Niemand hat je wieder von ihnen gehört, auch nach dem Kriege nicht. Zweifellos bleichen ihre Knochen heute noch hinter irgendeinem Felsen oder in einem Dünental, umgeben von etwas Sprengstoff, einigen Pistolen und einem vom Salzwasser verdorbenen Sender, den sie aber bis zum Schluß mitgeschleppt hatten, ein Dokument der Sinnlosigkeit.

*

Sie hofften, daß die Fahrt zurück friedlich wie die Hinfahrt sein würde. Sie dachten an die leckeren Gerichte, die der Smutje kochte, wenn die See es ihm ermöglichte – Fischsuppe aus Barakudaköpfen vor allem. Indessen bemühte sich der Atlantik, ihnen die Rückkehr in ihren Ausgangshafen Arcachon nach Kräften zu verwehren. Sie stoppten 700 Seemeilen weiter nördlich in der Mossamedes-Bucht erneut, um den letzten Agenten abzusetzen. Anders als die beiden ersten hatte er den Wunsch geäußert, an einer belebten Küste an Land gebracht zu werden. Alles ging planmäßig. Ein paar Monate später aber hörte der Passim-Kommandant Einzelheiten. Der Agent hatte versucht, Kontakt mit portugiesischen Bekannten aufzunehmen. Er war von den Schwarzen angezeigt und keine vierundzwanzig Stunden in Freiheit geblieben. Bis zum Kriegsende blieb er in Angola interniert.

Die Fracht, die gefährlicher ist als eine Tonne TNT, ist jetzt von Bord. Die Yacht steuerte Nordnordwest. Von ihrer Last befreit, brauchen sich die Männer an Bord nur noch mit der See und dem Zustand ihres Schiffes auseinanderzusetzen. Sein Rumpf ist nicht mehr glatt. Die Segel sind chemisch gebleicht und daher von schlechter Qualität, und kaum ist der Äquator passiert, beginnen sie zu reißen. Bis zum Ende hört die Arbeit mit Segelhandschuh und Nadel nicht auf. Tag für Tag liefert ein Spinnaker Flicken für das Großsegel, aber weil sein feines Tuch nicht viel Widerstand bietet, muß jeder Flicken alsbald mit einem neuen Flicken übernäht werden, bis das Großsegel den Spinnaker vollständig aufgefressen hat. An Bord sind keine weiteren Segel außer kleinen Sturmsegeln für den Besan und eine Sturmfock, die sehr bald zum vollen Einsatz kommen wird.

Garbers hat sich entschlossen, die Azoren zu passieren, die noch nicht von den Amerikanern besetzt sind. Er findet dort keinen Feind, aber Sturm. Um mit dem bißchen Leinwand, die ihr bleibt, voranzukommen, brauchte Passim Winde der Stärke sechs bis sieben. Hier trifft man auf Windstärke acht und sogar zehn. Vom 11. bis zum 13. Dezember tobt über den Azoren ein wahrer Orkan.

„So was habe ich noch nie gesehen", sagt der Kapitän zu seinen Gefährten.

Die Wellentäler sind Schluchten mit Steilwänden geworden, an denen Passim emporklettert, während sie in ihren Verbänden ächzt. Der Wind reißt die Spitzen der Wellenberge ab und trägt den Gischt in wildem Wirbel mit sich fort. Es erinnert an einen Schneesturm in der Antarktis oder in sehr großen Gletscherhöhen. Das Kreischen

des Windes erstickt die gegebenen Befehle. Auch im Boot selbst kann man sich nur mit lauter Stimme unterhalten. Alles, was nicht ganz und gar festgebunden ist, fliegt in der Kajüte, der Kombüse oder dem Niedergang herum. Garbers ist jetzt auf der Ruderbank festgebunden. Er hatte zunächst versucht, unter dem kleinen Sturmsegel zu lenzen. Die Seen steigen von achtern ein und rollen über das ganze Deck. Klaus Langhorst, der hochkommt, um das Ruder zu übernehmen, während Passim gerade eine enorme See in Angriff nimmt, fliegt zurück und verschwindet. Im Augenblick, in dem er über Bord geht, gelingt es ihm, sich an einem Unterwant festzuhalten. Es sieht aus, als wickelte er sich beim verzweifelten Versuch, sein Leben zu retten, darum herum.
Garbers überlegt sich, daß, wenn er weiter lenzt, niemand jemals in Berlin wissen wird, ob Passim nur überfällig ist, weil sie aufgebracht wurde, oder ob sie verschollen ist. Der Funksender arbeitet nicht mehr. Niemals wird Canaris erfahren, wie schwer der Untergang des Schiffs war, welche Ängste seine Besatzung ausgestanden hat, welches die letzten Worte vor dem Tode waren. Garbers entschließt sich daher, wieder beizudrehen.
„Das ritt uns derartig von achtern, daß wir mit unserem Fetzen Leinwand sicher zehn Knoten gemacht haben", sagt er, als seine Gefährten auf ein weniger lebensgefährliches Deck kommen.
Die langsamer gewordenen Bewegungen des Schiffes erscheinen ihnen jetzt nicht mehr der Rede wert. Sie decken sich schlecht mit ihrem Rückkehrfieber. Der Orkan wütet seit vier Tagen. Das ist eine Ewigkeit, die jeden Willen lähmt und die Besatzung in eine ungesunde Stumpfheit versetzt. Dann läßt der Wind ein wenig nach, geht auf sieben bis acht zurück und bleibt so eine ganze Woche lang. Man hat Zeit, Bilanz zu ziehen und festzustellen, was der Sturm in Mitleidenschaft gezogen hat. Man kann sich daranmachen, die Schäden zu beseitigen. Passim läuft jetzt besser unter seinen zwei elenden Fetzen. Langsam kommt die spanische Küste näher. Die Hoffnung wächst, Arcachon noch vor Weihnachten zu erreichen. Dann schießt der Wind auf NNW aus. Da Passim nicht hoch anliegen kann, schleppt sie sich nur langsam dahin.

*

Am 24. Dezember waren sie nur 30 Seemeilen von ihrem Heimathafen entfernt. Garbers schien es, er könne seine der Besatzung gegebenen Versprechungen halten, als ein Schneesturm aus Nordost ihn überfiel. Der aus dem Himmel rieselnde Schnee und der weiße Gischt des Meeres mischten sich und erfüllten die Heilige Nacht mit Gespenstern. Die Besatzung nahm den Kampf gegen die widrigen Winde erneut auf und träumte dabei von dampfendem Puter und Weihnachtsliedern... Stille Nacht... Heilige Nacht...
Der in den Wanten kreischende Wind nahm die Stelle des Gesanges aus Kindermund ein. Die zum Halse heraushängenden Konservendosen und der Schiffszwieback mußten eine ordentliche Mahlzeit ersetzen, die der Smutje schon lange nicht mehr auf seinem Kocher bereiten konnte, denn die kardanische Aufhängung war außerstande, den abrupten Bewegungen zu folgen.
Die dauernden Stürme hatten jedoch auch etwas Gutes: die Gewißheit, daß kein englisches Flugzeug und kein Zerstörer sie so kurz vor dem Hafen sichten, aufbringen oder versenken konnten, denn die Nächte waren lang und die kurzen Tage erfüllt von Schneetreiben und Dunst, der über die Mastspitzen flog.
„Na gut", sagte Garbers. „Wenn wir schon den Weihnachtsabend an Land verpaßt haben, dann feiern wir dort zumindest Silvester!"
Aber diese Hoffnung wurde ebenso zunichte. Der Nordoststurm hatte Passim auf die Höhe von Santander zurückgetrieben. Mit bewunderungswürdiger Geduld machten sie sich daran, die ganze Biscaya bis zum Ende aufzukreuzen. Am 31. standen sie vor St. Jean-de-Luz. Dann vor Bayonne. Garbers entschloß sich, dort abzubrechen. Die Besatzung war am Ende ihrer Kräfte. Sie war einfach moralisch außerstande, noch zwei Tage Biscaya bis Arcachon durchzustehen. Er befahl Kurt, dem Funker:
„Gib einen Funkspruch durch ‚Matador bittet um Schlepperhilfe.'"
Der Leuchtturm bestätigte. Drei Stunden später lag Passim am Kai von Bayonne, bewacht von bewaffneten Posten, während Garbers sich rasierte, seine Uniformjacke über den blauen Pullover zog und seine Mütze aufsetzte. Als er an Land trat, mußte er feststellen, daß er auf einer sich nicht bewegenden Fläche plötzlich kein Gleichgewichtsgefühl mehr hatte. Er hatte 14 000 Seemeilen ohne Aufenthalt zurückgelegt, war 140 Tage ohne irgendwelche Unterstützung von draußen auf See gewesen! Wie die Kapitäne der alten

Segelschiffe und mehr noch als diese Meister der Einsamkeit, die doch von Zeit zu Zeit irgendwo an Land gingen oder andere Schiffe sahen, hatte er jedes Gefühl, jede Erinnerung an festes Land verloren. Als er von KYLOE ausstieg, hatte er schon einmal diesen Schock erlitten. Jetzt war er Kommandant eines Segelschiffes der Abwehr des Admirals Canaris und mußte den Bürooffizieren Erklärungen geben, warum er wie eine Cancantänzerin ging ... Der Major, der ihm begegnete und den er preußisch korrekt zu grüßen suchte, hatte ihn von oben bis unten betrachtet, und in seinen Augen war berechtigtes Mißtrauen sichtbar gewesen.

Nach der Identifizierung von „Matador" durch ein Gespräch mit Paris durfte die Besatzung von PASSIM sich ausschiffen. Um zu begreifen, was es heißt, fünf Monate lang auf See zu sein, hätte man in dieser Nacht den Männern der PASSIM in Bayonne heimlich folgen müssen!

II. Der grüne Strahl

Ein feiner lauer Regen zeichnet die graue Oberfläche des Beckens von Arcachon. Die große Düne gibt ihm ein wenig die Atmosphäre der Sahara, die endlich einmal der Himmel mit Regen bedenkt. Das Kasino erinnert ein wenig an den verfallenen Palast eines abgesetzten Königs. Ringsum nimmt der Wald des Landes ein Fußbad. Die Stadt schlummert. Der Hafen liegt im Winterschlaf. Ein paar Austernzüchter kratzen an den Planken einer an Land gezogenen Pinasse. Sie lassen sich Zeit und beobachten aus den Augenwinkeln eine Yacht, die auf einer von der Besatzung beschlagnahmten Werft aufgeslippt ist. Die Leute von Arcachon kennen sie. Sie heißt bei ihnen die Geisteryacht.

„Ich möchte wissen, was der Kerl sechs Monate getrieben hat", fragt einer der Austernzüchter.
„Ich habe so meine Vorstellung. Hast du die Schweinerei gesehen, die sie da runtergekratzt haben?"
„Na und? Machen wir hier doch auch gerade!"
„Bloß, daß die da Entenmuscheln runtergekratzt haben."
„Und?"
„Entenmuscheln, so was gibt's hier in der Biscaya nicht. Die gibt's

nur im Golfstrom und im Südatlantik. Ich sage dir, die Boches kommen von weit her. Die haben irgendwo im Süden einen geheimen Stützpunkt. Die sind gerissen, da Proviant und Brennstoff hinzubringen! So ein kleiner Segler von 30 Tonnen kommt unbemerkt durch!"
„Du meinst, daß sie da wieder hingehen?"
„Bestimmt! Ich habe gesehen, daß sie neue Segel an Bord genommen haben. Und sie fangen an zu kalfatern. Ich möchte wissen, ob sie nicht wie früher Talg nehmen. Riechst du das?"
Ein weicher, ein wenig übel machender Geruch weht von der Werft zu ihnen herüber, als ob er auf den weichen Wellen des Regens getragen würde. Heinrich Garbers ersetzt die „Markenunterwasserfarbe", die den Rumpf von Passim so schlecht gegen den tropischen Bewuchs schützte, durch ein Gemisch aus Talg und Bleiweiß, wie in den Zeiten der alten Holzsegler. Tatsächlich wird die Yacht, die auf der Rückkehr aus Südafrika kaum sieben Knoten lief, bei der neuen Fahrt hin und zurück neun Knoten machen, und der Rumpf wird bis zum Schluß vollkommen sauber sein.
Berlin will, daß Garbers zwei Agenten an der brasilianischen Küste absetzt, nördlich von Kap Frio. Man ist jetzt vollkommen von der Überlegenheit einer Segelyacht bei einem solchen Unternehmen gegenüber einem U-Boot überzeugt. Nur ein Teil der Besatzung ist nach einem Monat wohlverdienten Urlaubs bereit, erneut mitzumachen, darunter Hans Gaden, der als einziger auf allen drei Fahrten der Passim seinen Kommandanten begleitet. Der Koch ist ebenfalls in Arcachon und überwacht das Verstauen der Lebensmittel für zweihundert Tage und die Übernahme einiger Tonnen Süßwasser.

*

Als die Yacht einen Monat später die Ausfahrt verläßt, sind Rumpf und Segel schneeweiß, und der Name steht mit Messingbuchstaben auf dem Heckspiegel. Am nächsten Morgen ist sie wiederum als portugiesischer Thunfänger getarnt, blau, mit roten Segeln. Sein Name ist Maria-Luisa. Im Laufe des Tages erscheint wie gehabt eine Sunderland. Heinrich Garbers zieht die Schultern ein und erwartet die Garben aus den Bordwaffen oder die Bomben, die kommen werden, wenn die Engländer die Tarnung durchschaut haben. Er weiß

nach dem Abhören des Funkverkehrs bei der ersten Reise, daß die Sunderland jede weiße Yacht in diesen Gewässern angreifen wird. Aber wieder hat die Kriegslist Erfolg. Garbers kann sich gratulieren, denn es ist allein schon eine Leistung, die Engländer auf dem Felde der geheimen Kriegführung zu schlagen!
Kap Finisterre wird wieder bei schönem, raumem Wind gerundet. Obwohl er schon ein paar Tage unterwegs ist, ist erst dies für Garbers die wirkliche Abfahrt. Für ihn gilt kein sentimentaler Abschied, sondern ein Punkt seiner Navigation. Hier ist die letzte Landpeilung, der letzte Blick zurück, den ein Seemann tut. Von nun an verblaßt jede sentimentale Regung in dem Maße, in dem mittags die Kreuzchen auf der Seekarte erscheinen. Später wird er sie zerreißen, denn Berlin hat strengste Geheimhaltung befohlen. PASSIM-MARIA-LUISA, der Geistersegler, kommt von nirgendwo, und niemand weiß, wohin er fährt. Nicht einmal die Besatzung, die ausschließlich aus freiwillig zu ihm gekommenen begeisterten Hochseeseglern besteht, hat Fragen zu stellen. Sie tut es auch nicht. Die beiden Agenten, ein Deutscher und ein Brasilianer vom schönsten Schwarz, kennen sich nicht und gehören theoretisch zur Besatzung, von der sie sich nur durch die Fehler unterscheiden, die sie bei Manövern machen.
Nach dem Passieren von Finisterre fängt die angenehme Tagesroutine eines Segelschiffes auf Großer Fahrt an. Die Besatzung ist zu einer Einheit geworden, jeder Mann hat das Heimweh überwunden, die Trägheit, die niederdrückende Gewißheit, zweihundert Tage inmitten eines Kreises leben zu müssen, den nur ein leerer Horizont begrenzt. Die jungen und doch so erfahrenen Seewölfe wissen, daß die Monotonie des Bordlebens die Tage, Wochen und Monate immer schneller Vergangenheit werden lassen. Das ist in den anderen männlichen Zeitvertreiben nicht anders, beim Bergsteigen, Autofahren, in der Rekrutenzeit, im Krieg ...
Auf See herrschte Krieg, und dennoch hatten sie das beinahe vergessen auf der Suche nach dem Passat, der sie auf seinen langen dahinstürmenden Wellen nach Süden tragen sollte. Amerika hatte die Azoren noch immer nicht besetzt. Garbers stand jetzt querab von der Insel Santa Maria, als das Glück ihn zum ersten und gleichzeitig letzten Mal in seinem Leben zu verlassen drohte. Der Tag brach an. Im Osten erhob sich der Himmel aus dem blaugrünen

Dunst über der Kimm und färbte die Segel rosa. Hans Gaden, der Passim steuerte, rief plötzlich aus: „Schiff an Steuerbord voraus!" Garbers kam aus dem Luk und versuchte, mit dem Doppelglas am Auge, das Schiff auszumachen. Es war nicht leicht festzustellen, wer das sein konnte, denn es war weit entfernt, und noch herrschte Dämmerung. Er war im Begriff, den Befehl zu einer vorsichtigen Kursänderung zu geben, als ihm die Worte im Hals steckenblieben und er statt dessen einen Wutschrei ausstieß. Er erblickte plötzlich nicht ein Schiff, sondern zwei, dann vier, dann sechs, dann ein gutes Dutzend, die alle auf Nordwestkurs lagen . . . Passim war in einen englischen Konvoi geraten, der aus Gibraltar kam! Nun konnte man auch vier Zerstörer sehen, die an den Seiten des Geleits entlangliefen, zierliche Kurven beschrieben und sich wieder entfernten, wie Delphine, die um ein Schiff spielen.

„Positionslichter anzünden!" befahl der Kommandant.

In der Biscaya und in den spanischen und portugiesischen Hoheitsgewässern hatten sie zwischen den Fischern Lichter geführt, aber auf freier See nicht mehr, um Brennstoff zu sparen. Nichts konnte verdächtiger sein als ein solches Verleugnen der portugiesischen Neutralität.

Die angezündeten Lichter erregten die Aufmerksamkeit eines Zerstörers, der herankam und Passim mit dem kalten Licht seines Scheinwerfers anstrahlte. Bei der heller werdenden Dämmerung hob der Lichtstrahl die portugiesischen Landesfarben, die vorn und achtern am Rumpf aufgemalt waren, seltsam hervor. Das Unternehmen, die Freiheit und vielleicht das Leben der Besatzung hing jetzt davon ab, wie mißtrauisch der Engländer war. Garbers ließ blitzschnell alle Details der Tarnung Revue passieren. Hatte er irgend etwas vergessen? Hatte er irgendeinen Fehler gemacht? Wenn er einen portugiesischen Fischer nicht mit absoluter Richtigkeit darstellte, war alles vorbei. Und dann? Sollte er seine Uniform anziehen? Die Besatzung auch? Und was sollte er mit den Agenten machen? Garbers war radikaler als Christian Nissen. Er würde sich lieber ins Meer stürzen und als Soldat sterben.

Der Schweiß rann ihm die Stirn herunter, als ob das Scheinwerferlicht unerträglich heiß sei. Seine Hand auf dem Ruder zitterte leicht. Er kam sich vor wie ein Hase, der von den Scheinwerfern eines Autos erfaßt ist und stundenlang davor wegläuft. Schließlich erlosch der Scheinwerfer. Das Examen, dem Passim unterzogen wurde, dauerte in Wirklichkeit weniger als eine Minute. Nur die Angst hatte die Zeit so unerträglich lange gedehnt ... Aber wie war das Examen ausgefallen?

„Hören Sie seinen Funkverkehr ab", befahl der Kommandant Franz Bickler.

Der Zerstörer war wieder auf Kurs gegangen und entfernte sich mit wenig Fahrt. Die Hoffnung wuchs.

„Ich verstehe nicht, was sie sagen", erklärte Bickler und nahm seinen Kopfhörer ab. „Ich verstehe immer nur: Portugiese, Portugiese..."

Garbers atmete tief ein. Passim hatte die Herren der See in diesem Examen zufriedenstellen können. Im Schirm ihrer Zerstörer entfernten sich jetzt die Schiffe des Geleitzuges, inzwischen deutlich sichtbar, in nordwestlicher Richtung. Das betretene Schweigen der Besatzung machte Freudenausbrüchen Platz.

„Wie in der Wehrmacht", erklärte Bickler mit dem leicht ironischen Ton, den er anschlug, wenn er von der Wehrmacht und insbesondere von den Landsern sprach. „Gott mit uns!"

Der Smutje führte einen Freudentanz auf und stieß seine Kameraden in die Rippen.

„Heißa! Das ist das erste Mal, daß sich der Boß in die Hosen gemacht hat!"

„Nicht nur er", fügte Hans Gaden mit lobenswerter Demut hinzu.

Der Kommandant ließ eine Funkmeldung abgehen, um Berlin von der gefahrvollen Begegnung mit einem englischen Konvoi 40 Meilen südlich der Azoren in Kenntnis zu setzen.

Dieser Funkspruch schien das Geschick herauszufordern. Zwei Stunden später tauchte erneut im Südhorizont ein helleuchtender Mast auf.

„Verdammt und verflucht!" schimpfte Garbers.

Es handelte sich wohl um einen besonders großen Geleitzug, dessen zweite Hälfte mit seiner Eskorte von Zerstörern und Geleitschiffen offenbar erst jetzt in Sicht kam. Würde alles von vorne anfangen? Würde Passim ein zweites Mal bestehen? ... Der Kommandant ließ die Fanggeräte deutlicher sichtbar machen, breitete an Deck noch mehr Netze aus, ließ die ganze Besatzung einschließlich der Agenten an Deck kommen, um viele Leute vorzutäuschen, ließ das Leben an Bord sich dem intensiven Rhythmus anpassen, den es bei den portugiesischen Fischern hat. Er breitete sogar in seiner Nähe eine Lissabonner Zeitung aus, die die Abwehr beschafft hatte; die Ferngläser der Engländer würden nicht so stark sein, daß zu sehen sein würde, wie veraltet sie war ... Aber alle Vorbereitungen waren unnötig. Der Kommandant erkannte jetzt in dem einzigen Schiff, das über den Horizont kam, das portugiesische Passagierschiff GAZA, das regelmäßig zwischen Lissabon und den Azoren verkehrte und das er schon von seiner Einhandüberquerung des Atlantiks kannte. Gott war immer noch mit ihm!

PASSIM war nun wieder allein auf dem Atlantik, außerhalb der Geleitzugstraßen, und hatte bis zum Schluß keine unangenehmen Begegnungen mehr.

*

Garbers folgte mehr oder weniger der gleichen Route wie zum Beginn der Südafrikareise, als er den Passat suchte, um schneller Süd zu machen. Diesmal aber hielt er sich weitgehend westlich von Trindade, auf der Route, der die Segelschiffe früher nach Rio de Janeiro folgten.

49 Tage nach seinem Auslaufen aus Arcachon kann er fühlen, daß die amerikanische Küste nicht mehr fern ist. Zwischen einem Auslaufen und einem Landfall gibt es für ein Segelschiff, das dem Wind ausgeliefert ist, einen Riesenunterschied. Das Auslaufen ist stets unproblematisch, denn es spielt keine Rolle, ob das Wetter gut ist oder nicht. Es hat immer nur die freie See vor sich. Ein Landfall kann gut oder schlecht sein. Das hängt von der Genauigkeit der Navigation ab, von Landmarken, die gepeilt werden können, von der Sicht und vom Glück. PASSIM hat in den Karten des Südatlantiks keine Spur hinterlassen, und Garbers zerreißt jedes Blatt, das eine Tagesposition enthält, wie es ihm seine Befehle vorschreiben. Alles ist in seinem Gehirn verzeichnet, oder sollte es jedenfalls sein. Leider ist die graue Substanz nicht ganz dasselbe wie eine schöne Karte mit 49 kleinen Kreuzchen für die Mittagspositionen. Der Kommandant der PASSIM ist unruhig und fast so nervös wie nach der Begegnung mit dem englischen Geleitzug. Man sieht ihn jetzt häufiger an Deck als in seiner Kabine, und er beobachtet mit größter Spannung jedes Anzeichen, das ihm See oder Himmel bieten. Er mißtraut den Handbüchern und den Legenden. Das Auftauchen von bestimmten

Vogelarten deutet nicht immer auf die Nähe einer Küste, obwohl es wenig Beobachtungen gibt, die die Behauptungen der alten Seefahrer in Frage stellen. Dank der Lektionen bei Nissen und Paul Temme weiß er jetzt, wie man eine Standlinie nimmt, aber er hatte noch nie eine Gelegenheit, seine Position mit der anderer Schiffe zu vergleichen. Er hat seinen Appetit verloren und nährt sich ausschließlich von Nachtwachen, so als ob er das Auftauchen eines Kontinents erwartete, der noch nicht auf den Seekarten verzeichnet ist. Eines Nachts macht er endlich das Feuer von Kap Frio aus, genau voraus. Niemand könnte besser auf Kurs liegen als Passim. Indessen bricht nicht gleich die unbändige Freude aus, die sonst mit einem Landfall verbunden ist. Das Geisterschiff wird nur mit dem Bug seiner beiden Schlauchboote, die die Agenten an Land setzen werden, südamerikanische Erde berühren. Es dreht sich jetzt darum, die Küste anzusteuern, bevor der Tag anbricht. Aber dafür ist es zu spät. Garbers bleibt draußen beigedreht liegen und betrachtet durch das Glas die unendlichen weißen Strände und den tropischen Urwald dahinter sowie die ununterbrochene Kette weißer Brecher, die an den Strand branden. Garbers sagt zu Hans Gaden:
„Wir haben da genausowenig Chancen, an Land zu kommen, ohne naß zu werden, wie an der südafrikanischen Küste! Die Schlauchboote dürfen nicht überladen werden."
Die Sonne geht unter. Passim badet auf dem warmen Meer wie in Blut. Dann weicht das Leuchten des Himmels der Dunkelheit, die Dämmerung kriecht über das Gestade und bedeckt es mit smaragdfarbenen Kieseln, bis die Nacht alles zudeckt. Garbers hat den Motor angelassen und nähert sich der Küste, wobei er aufmerksam den Tiefen lauscht, die der Lotgast aussingt. Er läßt auf 20 Meter Tiefe zwei Anker fallen und sofort die Schlauchboote klarmachen. Jetzt ist der Augenblick der Wahrheit gekommen. Zunächst einmal scheidet er die echten Seeleute von den falschen. X und X+1 hatten sich so gut in die Besatzung eingefügt, daß allein der Kommandant wußte, daß sie nicht dazugehörten. Und erst jetzt erfährt der Schwarze, X+1, daß sich noch ein Agent an Bord befand! Indessen trennen sich die Boote, sobald sie ins Wasser gesetzt werden. Das eine entfernt sich mehr nach Norden, das andere nach Süden. Die Agenten verlieren die Verbindung und werden auch weiterhin nicht wissen, welche Aufgabe der andere hat. Das Pech des einen wird

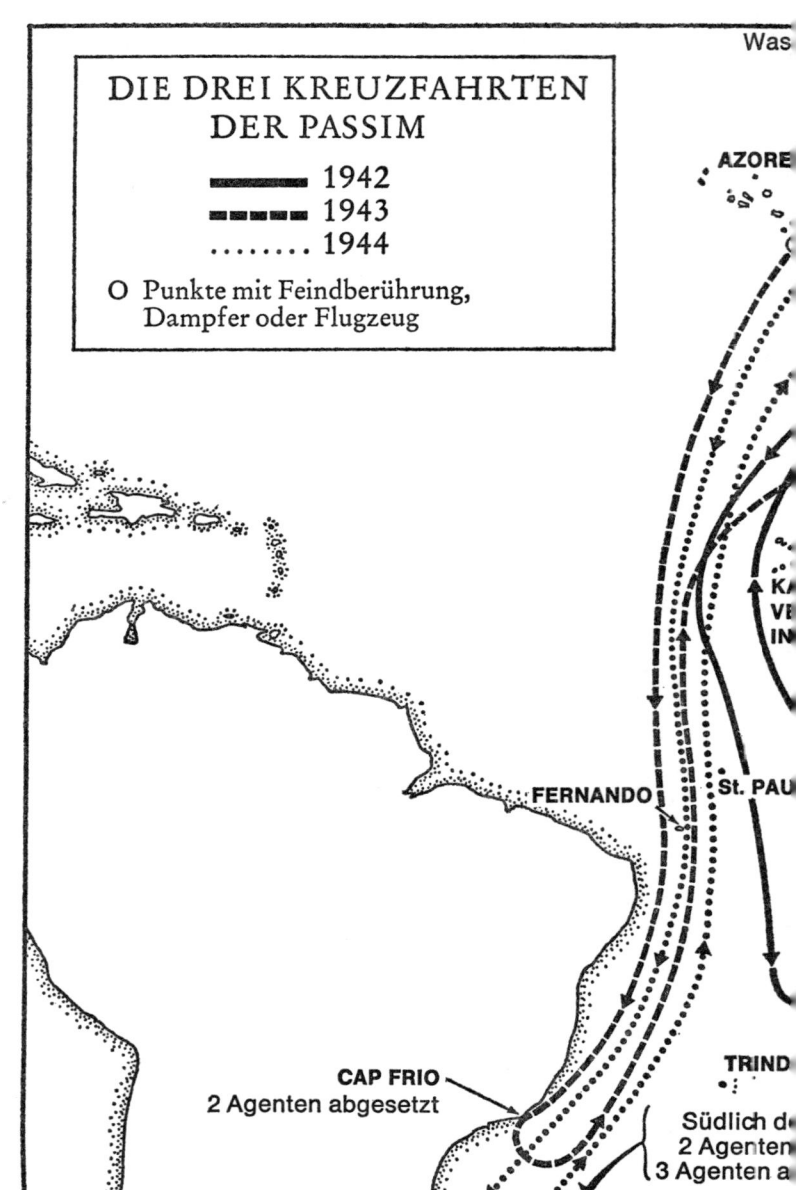

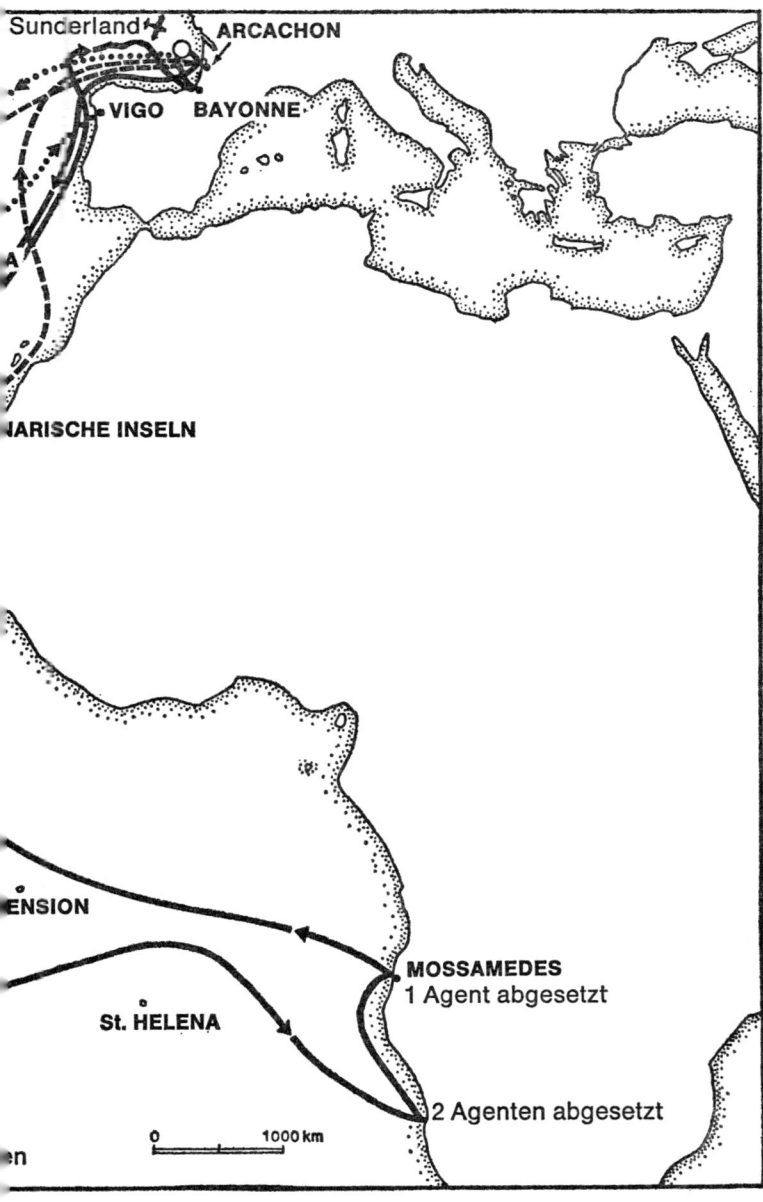

dem anderen nicht schaden. Das Geisterschiff wird bis zuletzt das Geheimnis gewahrt haben.

Garbers nimmt das erste Boot mit dem Schwarzen X+1 und paddelt mit Bickler zusammen los. Die dunklen Brecher packen sie. Sie werden beim Passieren der Grundseen hart durchgeschüttelt, dann emporgehoben und landen mit einer langen Dünungswelle auf dem Strand. Das Boot wird aus dem Wasser gezogen und von seiner Ladung befreit, die im Wald versteckt wird ... Ein schneller Händedruck, ein paar gemurmelte gute Wünsche von seiten Garbers, der kein besonderes Zutrauen zur Nützlichkeit von X+1 hat – er glaubt vielmehr an die großen Langfahrten –, und schon ist der Schwarze verschwunden, verschluckt vom Wald ...

„Schnell ins Boot!" sagt Garbers.

Sie laufen zum Strand, sie stoßen das Boot ins Wasser zurück, sie greifen die Paddel und schlagen fest damit ein. Sie nähern sich der Brandung. Sie erreichen sie. Die Brandung erfaßt das leichte Boot am Bug, stellt es senkrecht, wirft es um und schleudert alles wieder an den Strand zurück!

Garbers und Bickler spucken den Sand aus und greifen völlig durchnäßt wieder nach dem Boot. Ein zweiter Versuch hat das gleiche Ergebnis! Der Ernst der Lage wird dem Kommandanten der PASSIM schlagartig klar. Sie werden niemals die Yacht erreichen, die auf tiefem Wasser vor Anker liegt, und die Yacht wird nie nach Europa zurückkehren, denn an Bord sind nur noch der Koch und ein Matrose! Das bedeutet: Schluß mit den großen Fahrten! Internierung in Brasilien! Eine winzige Panne beim Landen hat geschafft, was der Orkan bei den Azoren, die Sunderland-Patrouillen in der Biscaya, die Fahrt quer durch den englischen Geleitzug nicht geschafft hatten: das Schachmatt! Garbers spricht es bitter aus: „Schachmatt!" Er zittert und malt sich das Schlimmste aus. Daß ein Sturm aufkommt und PASSIM seine Anker schleifen läßt. Das ist zwar wenig wahrscheinlich, aber doch möglich. Verloren das Schiff und die Leute an Bord! Da er sich aber bewegen muß, um der Kälte entgegenzuwirken, die ihn in seinen durchnäßten Kleidern überfällt, wird er auch wieder aktiv. Er überlegt. Was ist nötig, damit man über die Barre kommt? Eine Mindestgeschwindigkeit, die zwei Mann allein nicht erreichen können. Zwei Mann jedenfalls. Aber vier? Wenn beide Besatzungen in einem Boot zusammen wären, dann ginge es ...

Das Boot, das Hans Gaden führte, war etwas nördlicher an Land gekommen. Der Kommandant marschierte also am Strand entlang, um ihn zu suchen. Der Mond zeichnete jetzt Figuren in das dunkle Filigran des tropischen Urwalds. Er stieg und zog die schützende Decke von der Küste und dem Meer, die sie bislang eingehüllt hatte. Tausend Einzelheiten wurden sichtbar. Im Sand des Strandes waren es zahlreiche Abdrücke, darunter ganz frische von Pferdehufen . . . Wer, um alles in der Welt, konnte in dieser Einöde herumreiten? Patrouillen von Zoll oder Polizei? Garbers schauerte es. Die beiden gingen vorsichtig weiter nach Norden, einer immer voran, um das Gelände zu erkunden und nicht in einen Hinterhalt zu fallen.
Sie fanden schließlich die Besatzung des zweiten Bootes. Der deutsche Agent sagte, als Garbers sein Mißgeschick erzählt hatte: „Sie kommen doch nicht zur Yacht zurück! Es hat keinen Sinn, das nochmals zu versuchen. Kommen Sie mit mir ins Unterholz. Diese Gegend ist zu gefährlich!"
Die Hufspuren führten nach Norden. Aber ohne Zweifel würde die Patrouille kehrtmachen und zum Stützpunkt zurückreiten. Es war eine Zeitfrage. Sie mußten weg, durch den Wald oder über See . . . Was konnte Garbers schon anders wählen als das Meer!
Die vier Seeleute besprachen sich darüber, wie sie ihr Bemühen synchronisieren mußten, um die Barre zu passieren. Bevor man versuchte, den Teufel zu überlisten, der da 50 Meter entfernt schäumte, hell beschienen vom Mond, mußte das zweite Schlauchboot versteckt werden. Sie gingen daher alle, einschließlich des deutschen Agenten, nach Süden, fanden das Schlauchboot und schleppten es unter die Bäume, wo sie es mit Zweigen abdeckten, um es den Blicken der zurückkehrenden Patrouille zu entziehen. Dies sicherte erst einmal den Rückzug der Agenten, die zu Fuß niemals auf ihre Spur gesetzten Reitern entgehen konnten.
„Beeilung!" mahnte Garbers.
Der Vollmond verriet Formen und Bewegungen. Die Barre mit ihren Brechern phosphoreszierte. Dahinter war das Meer völlig friedlich unter einem Himmel aus blauer Seide.
Nachdem Garbers und seine Gefährten das Schlauchboot wieder erreicht hatten, schieben sie es ins Wasser und greifen die rollende Barrikade an, die ihren Weg nach draußen versperrt. Das Schlauchboot ist jetzt zwar schneller, aber die These des Kommandanten stimmt

nicht. Es wird am Bug hochgehoben und fällt auf seine Insassen, die an den Strand geschleudert werden. Der Agent ist inzwischen verschwunden.

Hans Gaden flucht. „Wir kommen niemals wieder an Bord zurück!"

Er sagt nur laut, was sein Kommandant im stillen denkt. Er ist niedergedrückt, denn es ist ihm ziemlich klar, daß die Brasilianer Rückschlüsse ziehen werden von einem in der Dämmerung hier verankerten Schiff, einer Besatzung, die an Land festsitzt, und zwei Agenten, die durch den Wald marschieren. Sie werden den britischen Geheimdienst in weniger als 24 Stunden informiert haben. Und der Geheimdienst wird eine Bestätigung für das in der Hand halten, was er bislang sich nicht vorstellen konnte und sogar noch nach dem Kriege abstreiten wird: daß eine Besatzung von deutschen Sportseglern, ebenso erfahren wie tollkühn, mit Hilfe kleiner Yachten Agenten an den entferntesten Küsten absetzt. Schluß mit den Geisterschiffen des Admirals Canaris und Schluß mit den wunderbaren Abenteuern für Garbers und seine Kameraden! Man sollte sich lieber gleich ertränken oder zur Infanterie gehen!

Die unmittelbar bevorstehende Katastrophe schärft das Gedächtnis des Kommandanten. Er erinnert sich: Leuchttürme, Brecher, Versorgung... Mein Gott! Es gibt gar nicht wenige Leuchttürme, die von Brandung umgeben sind und die doch regelmäßig versorgt werden! Wie kommen sie da durch? Bei welcher Windstärke? Wann? Das erweckt einen noch präziseren Erinnerungsfetzen. Wo hat er gehört, daß einige Leuchttürme immer nur bei Sonnenaufgang und Sonnenuntergang versorgt werden konnten? ... Daß es immer eine ganz kurze Beruhigung in der Brandung gab, aber nur einen Augenblick lang, wenn die ersten und die letzten Sonnenstrahlen in der Kimm aufblitzten ... Er kann sich nicht erinnern, wo er das aufgeschnappt hat, aber das spielt auch keine Rolle! Die Hauptsache ist doch, daß man es weiß und die Nutzanwendung zieht ... Und zwar in der Situation, in der man sich befindet ...

Er erklärt seinen Gefährten, was er von ihnen erwartet. Dann ziehen sie das Boot unter die Zweige und verstecken es, damit die Patrouille es nicht sieht, wenn sie wieder vorbeikommen sollte. Langsam wandelt sich der Himmel. Das Blau der Nacht, das vom toten Licht des Mondes wie vereist erscheint, schlägt in mattes Silber um, das in der Kälte des Morgens zunächst schmutzig angelaufen wirkt, dann aber von den Strahlen einer noch unsichtbaren Sonne Glanz erhält. Der entscheidende Augenblick ist gekommen. Die letzte Hoffnung. Der letzte Versuch. Das So-Gott-Will aller echten Seeleute.

Das Schlauchboot wird aus dem Tropenwald gezerrt, über den Strand getragen und ins Wasser gesetzt. Die vier Mann paddeln mit gleichen Schlägen bis zur Barre, aber ohne sie in Angriff zu nehmen. Die Paddel schlagen nur so leicht, wie es erforderlich ist, um das Boot in der richtigen Lage zu halten. Garbers blickt voller Spannung auf die Stelle am Horizont, über der die Sonne erscheinen wird. Sie verrät sich durch das Aufflammen steiler Lichtfackeln, die ganz plötzlich zusammenfallen, während gleichzeitig der erste Sonnenstrahl in seinen Augen schmerzt. Garbers ahnt, daß die Chance, die man ergreifen muß, unmittelbar bevorsteht. Nur ganz kurze Zeit wird verfügbar sein, um das Ziel zu erreichen. Die Besatzung blickt angstvoll, Paddel in der Hand, auf den Kommandanten, der jetzt plötzlich ausruft:

„Los, Freunde, paddelt!"

Sie arbeiten mit wilder Anstrengung und stoßen die Blätter der Paddel ins Wasser, wie ein Landmann seinen Spaten in jungfräulichen Boden stoßen mag. Sie reiten auf der ersten See empor, die unter dem Schlauchboot passiert und sie in ein Tal fallen läßt, dessen Tiefe in dem ersten Sonnenstrahl zu ermessen ist. Dann warten sie auf die folgende See, von der sie glauben, daß sie bricht. Sie kommt nicht. Garbers stößt einen Schrei aus. Die Männer drehen sich um. Die Brandung läuft hinter ihnen auf.

„Wir sind durch!!" ruft der Kommandant.

Das Wunder war eingetreten. Dank eines Phänomens, das man seit langem kannte, aber das wissenschaftlich nicht erklärbar ist, hatte sich die Brandung über der Barre unter dem ersten Sonnenstrahl, dem „grünen Strahl", geglättet. Weniger als eine Minute hatte es gedauert, aber die Besatzung hatte sie nutzen können. Das Boot war jetzt im freien Wasser, der Kommandant war schweißnaß, und das hatte nichts mit der Sonne zu tun!

Sie hielten sich nicht damit auf, den an Bord zurückgebliebenen beiden Leuten das Phänomen zu erläutern, das sie gerettet hatte. Garbers ließ den Motor anwerfen, die Anker lichten und mit Kurs Süd von der inzwischen deutlich sichtbaren Küste fortlaufen, um nicht von der Patrouille gesehen zu werden, die ihm so viel Sorgen gemacht hatte. 300 Meilen weiter südöstlich fanden sie den Passat, der sie zum Äquator zurücktrug.

*

Passim war wieder im Nordatlantik. Es sah aus, als würde die Rückfahrt besonders kurz sein, als der Kommandant einen unglücklichen Entschluß faßte. Er hielt sich an die Instruktionen der Handbücher statt an Instinkt und Erfahrung. Auf früheren Reisen hatte er die Kanarischen Inseln stets im Westen passiert. Während die Besatzung angelte und die paar Bücher der Bordbibliothek las und wieder las, hatte er die Seehandbücher gewälzt. Er war begierig, seine Kenntnisse über das Meer noch weiter zu vertiefen. Wer weiß, in welchem Buche er ihn fand, aber er befolgte den Rat, der Seglern empfahl, zwischen den Kanaren und der afrikanischen Küste zu steuern, wenn sie auf dem Wege nach Europa von den dort günstigeren Winden profitieren wollten. Garbers segelte daher zunächst vor dem Wind und dann mit raumem Wind auf NNO-Kurs.
Passim, die zunächst regelmäßig ihre neun Knoten gelaufen war, machte bald nur noch fünf und dann nur noch drei. Man konnte noch soviel den Spinnaker setzen, die Fahrt ließ immer mehr nach. Mit sorgenvoll gekrauster Stirn und verkniffenem Mund fühlte Garbers, wie das Ruder immer weicher wurde. Er hörte die verräterischen Geräusche aus der Kombüse. Der Koch hatte die Qualität eines Barometers im menschlichen Bereich. Wenn in der Kombüse Töpfe und Geschirr klapperten, dann war das ein Zeichen, daß an Bord nicht alles zum besten stand.
Passim lag in einer Totenflaute und wiegte sich friedlich unter der sengenden Sonne. Die Segel hingen so traurig herab, als ob sie Flaggen seien, die auf Halbmast gesetzt waren. Der Spinnaker, den kein Hauch füllte, erinnerte an die Tücher, die bei feierlichen Beerdigungen über den Kirchentüren hängen. Und es gab nicht mehr genug Gasöl, um den Motor zu benutzen!
Nach einer Woche hatte die Besatzung nicht einmal mehr Lust zum Angeln. Der Smutje ließ nicht mehr seine berühmten Fischsuppen dünsten, sondern stellte Ölsardinen auf die Back. Er sagte:
„Man muß sparen. Man muß das Schlimmste befürchten. Das kann

ein Jahr dauern. Man hat schon Besatzungen gesehen, die verhungert sind! Denkt daran, daß das Floß der MÉDUSE in diesen Gewässern trieb."

Das stimmte sogar so ziemlich. Aber die Erinnerung an das berühmte Beispiel aus der Geschichte war nicht dazu angetan, die Moral zu stärken. Diese wurde immer schlechter. Der Kommandant war seiner Besatzung gegenüber so machtlos wie dem Wind. Er führte kein Regiment mit eiserner Disziplin, wie sie auf Kriegsschiffen üblich war. PASSIM war zwar am Krieg beteiligt, aber immerhin eine Yacht und von Sportseglern bemannt. Und der Wind... den Wind kann man nicht wegen Gehorsamsverweigerung vor ein Kriegsgericht stellen!

Garbers fing wieder an zu lesen. Er las im „Spiegel der See", das in der Bordbibliothek war, als ob er Joseph Conrad bitten wollte, die Winde zu beschwören, über die er so wunderbar gesprochen hatte: „Wenn der Tag sich neigt, ist es Zeit, um dem Westwetter, das über das Schicksal der Schiffe entscheidet, in das königliche Antlitz zu schauen... Bekleidet mit einem Mantel aus blendendem Gold oder wie ein Bettler in schwarze Wolkenfetzen gehüllt, thront der Westwind über dem westlichen Horizont... mit der Stimme des Herrschers ruft der Westwind alle Macht des Ozeans zu Hilfe... im Himmel fliehen die Wolken, die großen weißen Wolken, die sich zusammenballen und verdichten zu einem fest geschmiedeten Thron, über den hinweg mit atemberaubender Eile der Sturm Fetzen treibt, kleine schwarze Fetzen, deren Anblick Wildheit verrät."

Trotz aller Beschwörungen bleibt PASSIM volle zwei Wochen bekalmt. An Bord erlischt langsam jegliche Bewegung, mithin jedes Leben. Die alten Mythen werden in der Vorstellung wieder lebendig, voll von Geheimnissen und einer Großartigkeit, der sich niemand entziehen kann. Man spricht zunächst verhalten, dann ganz offen von anderen Geisterschiffen, die jahrelang verschollen waren und dann, wieder vom Winde erfaßt, mit ihren toten Besatzungen unter vollen Segeln angetroffen wurden. Schien nicht ein böser Fluch Garbers mit diesem Schweigen zu treffen? Mit dieser erschreckenden Unbeweglichkeit auf einem Ozean, der wie geschmolzenes Blei dalag, in einer Zähflüssigkeit, die irisierend schillerte? Mit dieser entsetzlichen Hitze, unter der das Pech der Decksnähte weich wurde? Würde Garbers zum Fliegenden Holländer werden, der das Ende von Passim erwartete, um dann auf ein anderes Segelschiff hinabzusinken und dort seine Fahrt auf der Suche nach Sühne fortzusetzen?

Ein Hauch aus Südost erweckte die Geister der abgemusterten Wikinger. Erst schwach, dann bösartig, wie es einem Südwester zukommt, schließlich stürmisch wehte dann der Wind, der Passim, weit nach Steuerbord überliegend, nach Norden trug. Als er Gaden nach der ersten Nachtwache das Ruder übergab, sagte Garbers: „Ich befehle Ihnen ausdrücklich, die Segel nicht zu verkleinern!"

Das war unvorsichtig, denn die gelohten Segel in ihren von monatelanger Belastung mürben Lieken und den von der Sonne wieder und wieder gekochten Bahnen würden sowieso nur mit Mühe halten, ohne in Fetzen davonzufliegen, bis man in Arcachon ankommen und die in Reserve gehaltenen Segel anschlagen würde, die in ihrer Reinheit die Verwandlung des in der letzten Nacht weißgemalten Geisterschiffes vollständig machen würden.

Als Passim vor der Einfahrt nach Arcachon ankam, hatte das Boot von Finisterre bis hierher eine grandiose Fahrt hinter sich, bei der die Flottillen der portugiesischen Fischer weit im Kielwasser zurückblieben. Fünf Monate war die Yacht in See gewesen, und 11 000 Seemeilen waren zurückgelegt!

Anders als zuvor, hatte Garbers den Landfall ohne innere Spannung erwartet. Ein tiefer Friede erfüllte ihn. Er nahm es philosophisch hin, daß er zwei Stunden beigedreht auf das Hochwasser warten mußte. Mit einem Wind der Stärke fünf lief er durch die Einfahrtrinne; das Boot wurde dabei von der Brandung, die ihn an die mit knapper Not bezwungene Brandung vor der brasilianischen Küste erinnerte, hart durchgeschüttelt. Zum erstenmal seit 154 Tagen war er jetzt in Sicherheit – das war fast ein halbes Jahr. Ein halbes Jahr, das ohne Ruhepause die Besatzung gezwungen hatte, auf der Hut zu sein vor Flugzeugen, vor englischen Zerstörern, vor Patrouillen an der brasilianischen Küste, vor Küstenwachbooten, vor Brandung und Stürmen mit Stärke zehn. Das Boot fuhr jetzt auf diesem friedlichen Salzwassersee zwischen den großen gelben Dünen und den graugrünen Fichtenwäldern dahin. Über ihm spannte sich ein in zarten Pastelltönen gefärbter Himmel, an dem dickbäuchige weiße Wolken hingen. Am Ufer kamen die weißen Villen näher, die von bürgerlicher Lebensfreude zeugten, und das Dach des Kasinos, das zu sagen schien: Macht keinen Krieg, macht euer Spiel! Unglaublich! Bickler deutete auf den Funksender.

„Soll ich einen Schlepper anfordern?"

„Nein. Ich laufe unter Segeln ein. Bis zuletzt!"

Er kreuzte auf, wobei die Besatzung sich beinahe geweigert hätte, diese letzten Manöver zu machen, so brannte sie darauf, nach dieser entsetzlichen Reise an Land zu kommen. Die Reise drohte, sich als Alptraum in der Erinnerung festzusetzen, so lang und so schwierig war sie gewesen. Garbers schien keine derartigen Gefühle zu haben. Die letzten Kreuzschläge würden für ihn die schönsten sein. Sie waren es.

Anm. d. Ü.

Die Leser werden sich fragen, was aus den an der brasilianischen Küste abgesetzten Agenten geworden ist. Durch einen Zufall stieß ich auf einen Deutschen, der im Kriege in einem Gefängnis auf Niteroi bei Rio de Janeiro saß. Er erinnert sich, damals als Dolmetscher zu einem Verhör von zwei in der Nähe der Küste gefaßten Spionen herangezogen worden zu sein. Einer davon war ein Deutscher, der andere ein Schwarzer. Keiner sprach ein Wort Portugiesisch. Beide waren von einigen Tagen im Dschungel erschöpft, verschmutzt und halb verhungert. Zu ihrer schnellen Verhaftung hatten Gegenstände beigetragen, die eine Patrouille am Strand gefunden hatte. Über ihr weiteres Schicksal vermochte er nichts zu sagen.

III. Eine seltsame Mission

Die Bäume des Tiergartens paßten in ihrer Frische schlecht zum trostlosen Anblick der Stadt. Heinrich Garbers schritt schneller aus. Berlin, das er zum erstenmal nach Kriegsausbruch wiedersah, erinnerte ihn an Pompeji. Von ferne gesehen, schienen die Straßen völlig in Ordnung zu sein, aber sobald man in die Nähe kam, sah das Auge nur Attrappen von Fassaden, die zwar noch standen, aber von den Bränden geschwärzt waren und die Leere dahinter verbargen; jedes Fenster ließ ein Stückchen blauen oder grauen Himmels sehen. Der Skipper der PASSIM kannte das Martyrium der deutschen Städte bis dahin nur vom Hörensagen. Er lebte in Frankreich oder auf dem Meer. Sein Lebensraum, seine winzige Kajüte, mochte von tausend Gefahren bedroht sein, aber er hatte sich in keiner Weise verändert. Hier hatten Hunderttausende von Familien

alles verloren. Sie hausten in den Luftschutzkellern unter der Erde und schienen in das Zeitalter der Höhlenmenschen zurückversetzt. Auf den Mauerresten las er die von den Überlebenden zurückgelassenen Inschriften, die späteren Besuchern verraten sollten, wo sie die evakuierten Familienmitglieder finden konnten oder wer tot war. Andere Inschriften waren schwerer zu entziffern. Sie waren in den Stein oder Zement eingegraben, Zeugnisse der Apokalypse, die die englischen und amerikanischen Bomber zurückließen. Die Deutschen kannten den Namen dieser bläulichen und zähen Masse nicht, die vom Himmel regnete und von der ein Tropfen einen Menschen fällen konnte. Zwanzig Jahre nach den Nürnberger Prozessen lernte man sie „dank" des amerikanischen Krieges in Vietnam kennen. Es war Napalm, dessen Anwendung noch nicht als Verbrechen gegen die Menschlichkeit gewertet wurde.
Manche Ruinen qualmten noch, denn die Kohle in den Heizungskellern konnte noch monatelang glimmen. Garbers atmete die stechenden Verbrennungsgase ein und hastete weiter. Eine grauenvolle Angst schnürte ihm die Kehle zu. Der Mann, der allein den Atlantik überquert hatte, der unglaubliche Dinge gewagt hatte, wurde von dem Gedanken verfolgt, er könne in Berlin umkommen, unter Haustrümmern verschüttet oder in einem Keller von Phosphor verbrannt. Auf seinem Gang durch Berlin nahm das Land sein wahres Gesicht an, als ewiger Feind des Seemanns. Als Kommandant eines Segelschiffes mußte er sich so schnell wie möglich von Berlin freihalten, diesem monströsen Riff, dieser feindseligen und gefährlichen Küste, die hinter den Nebeln lauerte. Schon lange hatte er sich für seinen Tod zwischen Wasser und Feuer entschieden.
Man hatte ihn nach Berlin gerufen, um ein neues Unternehmen zu besprechen. Er wollte so schnell es ging seine Befehle in Empfang nehmen. Entfliehen! Sechs Monate auf See, ja, aber keine sechs Stunden eingekeilt in einem Keller, in ständiger Erwartung der Bombe mit großer Durchschlagskraft, des Erstickens beim Bruch der Gasleitungen, des Eingeäschertwerdens in Flächenbränden wie in Hamburg, wo man Bunker gefunden hatte, die noch die Asche ihrer Insassen enthalten hatten.
Garbers konnte hoffen, seine Angelegenheiten schnell zu erledigen, denn in der Stadt herrschte eine hektische Aktivität. Mit einem Heroismus, der an die Tage Spartas erinnerte, erledigten die Berliner

ihre Geschäfte, die aber nicht mehr Privatangelegenheiten waren, sondern Aufgaben. Das Telefon funktionierte. Die Untergrundbahnen und die Stadtbahn fuhren. Der elektrische Strom setzte nicht aus. Die Versorgung erfolgte planmäßig. Dahinter stand der Wille eines einzigen Mannes, des Gauleiters von Berlin. Die Bevölkerung hörte auf Goebbels mit leidvollem Enthusiasmus. Noch wußte man nicht, was seinen Tagen in Berlin ein Ende setzen würde.

Die Fenster der Büros im Gebäude der Abwehr waren mit Pappe vernagelt, denn die Fensterscheiben waren bei den letzten Bombenangriffen kaputtgegangen. Im Zimmer des Abteilungsleiters erhellte eine Birne nur kümmerlich das Halbdunkel, als ob das Geheimnis, das hier über allem lag, noch betont werden sollte. Ein Major und einige Subalternoffiziere erwarteten ihn.

„Leutnant Garbers", sagte der Chef. „Seit die Amerikaner die Azoren besetzt haben, fehlen uns alle Informationen aus diesem Teil des Atlantiks. Wir müssen dem abhelfen. Könnten Sie für uns einen Agenten dort absetzen?"

Heinrich Garbers dachte nach.

„Gestatten Sie mir, daß ich eine Bemerkung zu dem der Operation zugrunde liegenden Prinzip mache? Es ist nicht schwierig, einen Agenten an der Küste abzusetzen, aber..."

„Erläutern Sie das!"

„Eben. Ich kenne die Azoren recht gut. Ich war bei meiner Atlantiküberquerung 1938 dort. Das ist alles ein großes Dorf. Jeder kennt jeden. Wie soll Ihr Agent sich da tarnen oder zu einem Wohnsitz kommen? Selbst wenn er sich in den Bergen versteckt, und dann bekommt er keine interessanten Informationen, bleibt er keine 24 Stunden in Freiheit. Ich bitte um Entschuldigung, wenn ich über meine eigentliche Aufgabe hinausgehe. Es steht mir nicht zu, die Operationen der Abwehr zu kritisieren. Ich bin nur ein Transportunternehmen. Aber ich halte es für meine Pflicht, das Problem aufzuwerfen!"

Der Major, der zuerst die Brauen zusammengezogen hatte, nickte jetzt und sagte:

„Sie haben sicher recht. Wir werden das noch mal durchdenken."

Zwei Tage darauf wird der Skipper der PASSIM erneut zur Abwehr befohlen. Ein Mann in Zivil empfängt ihn in einem anderen Büro.

Garbers versteht, daß sein Geschick nunmehr von einem anderen Dienst abhängt, von dem er nichts weiß. Er kennt nicht die inneren Verhältnisse dieser Organisation, die von furchtbaren Rivalitäten beherrscht wird, wo die Ergebenheit dem Regime gegenüber Hand in Hand geht mit Verrat, wie man am kommenden 20. Juli wissen wird. Aber Garbers ist kein Agent, sondern ein Sportsegler, der keine Hemmungen hat.

„Die Azorenunternehmung ist abgeblasen", sagt der Chef der Dienststelle. „Sie fahren nach Argentinien."

Dann fügt er lächelnd hinzu:

„Sie haben die beiden vorhergehenden Unternehmen so planmäßig durchgeführt, daß Sie mir vielleicht jetzt schon Tag und Stunde Ihrer Rückkehr nennen können!"

Garbers lächelt ebenfalls.

„Das ist ein bißchen viel verlangt. Aber man kann sagen, daß ich Passim vor Ende September zurückbringe. Ich kenne jetzt den Passat einigermaßen."

„Diese Fahrt ist sehr wichtig", sagt der Geheimdienstler. „Sie werden darüber hinaus mit einer Mission für die Kanzlei des Führers betraut."

Und als Garbers, der gar keine Lust hat, sich mit den Oberen des Regimes einzulassen, ein entsprechendes Gesicht macht, fügt er hinzu:

„Nichts Besonderes! Ein reines Transportproblem. Nur, daß es schwerste Konsequenzen für die Zukunft haben wird, wenn das, was Ihnen anvertraut wird, verlorengeht."

Eine Woche darauf hat Garbers wie gewohnt seine detaillierten Instruktionen und flieht aus der der Verdammnis geweihten Stadt.

*

Zwei Austernzüchter unterhalten sich, auf die Reling eines an Land gezogenen Bootes gelehnt, und betrachten die Schiffe auf der von den Deutschen beschlagnahmten Werft.

„Hast du eine Ahnung, was mit der letzten Fahrt der Boches los war?" fragt der erste und deutet mit dem Kopf auf Passim, die auf dem Slipp liegt.

„Keine Ahnung."

„Ich glaube, sie waren wieder jenseits des Äquators, wie das erste Mal."

„Ausgeschlossen! Da hatte das Boot bei der Rückkehr Entenmuscheln. Er war vielleicht in Grönland, aber nie in warmen Meeren."

„Das sagt nichts. Die Boches haben vielleicht eine neue Antifouling, oder sie haben den Rumpf mit Kupfer beschlagen."

Die Seeleute von Arcachon sind nicht sehr weit von der Wahrheit entfernt. Aber es gibt keine neue Zauberfarbe, sondern einen Schiffsbodenanstrich mit einer talgähnlichen Masse, die schon vor hundert Jahren bekannt war. PASSIM ist mit einem vollständig sauberen Rumpf aus Brasilien zurückgekommen. Ein paar Tage darauf wird die Yacht wieder zu Wasser gebracht und am Kai festgemacht.

„Diesmal geht er für mindestens sechs Monate raus", bemerkt der Seemann, der spioniert, ein bißchen für die Engländer, vor allem aber für sich selbst, wie, um sich als gerissenen Franzosen zu beweisen, daß er auf der Höhe seines Rufs ist!

Mehrere Fünftonnerlastwagen fahren nacheinander auf den Kai, und ihre Ladung verschwindet im Inneren der Yacht, die langsam bis über die Wasserlinie eintaucht.

„Ich möchte wissen, was sie mit all den Kisten wollen. Ich behaupte, sie errichten eine geheime Basis im Südatlantik! Und wenn alles schiefgeht, dann haut Hitler und seine Clique mit einem U-Boot ab und pflanzt sich dahin!"

„Wieso U-Boot? Die fahren mit einer Yacht... Ein U-Boot ist mit Horchgeräten zu hören... aber eine Yacht, wer sollte die wohl belämmern?"

In Wirklichkeit übernimmt Garbers außer seinen beiden Agenten, die bei Punta Mogades, südlich vom La Plata, abgesetzt werden sollen, auch einige Tonnen Arzneimittel, die in Deutschland immer noch hergestellt werden, aber in Argentinien nicht mehr zu haben sind. Wenn man sie auf dem Schwarzmarkt verkauft, kann man damit mehrere Funkgeräte kaufen und eine Kriegskasse für die vielen deutschen Agenten schaffen, die dort unten sehr wirkungsvoll tätig sind, vor allem dank der Neutralität des Landes. Aber er übernimmt auch einen Gegenstand, der wegen seiner Alltäglichkeit ungewöhnlich ist. Er kommt geradenwegs aus der Führerkanzlei. Der

Abwehrmann hat ihn Garbers eindringlich und ein wenig drohend ans Herz gelegt. Und doch ist er nichts als eine einfache Stahlkassette. Sie ist etwas größer als die Metallkoffer der Kolonialtruppen. Aber sie zeichnet sich durch eine Merkwürdigkeit aus: Sie hat kein Schloß, sondern ist statt dessen ringsum verschweißt. Garbers fragt sich, was wohl darin ist, aber dann vergißt er es, nachdem die Überbringer ihm versichert haben, daß sie keinen Sprengstoff enthält. Er schließt die Kassette in seiner Kabine ein und denkt bis zum Landfall nicht mehr daran.

*

Abfahrt wie immer. Wie immer auch die Tarnung als portugiesischer Fischer während der ersten Nacht auf See. Die übliche Visite durch eine Sunderland. Diesmal hat Garbers ein Maschinengewehr MG 42 mit Einrichtung zur Luftabwehr und Gewehre für jedes Besatzungsmitglied für den Fall, daß das englische Flugzeug sich feindselig verhält. Indessen gelingt es wieder einmal, den Beobachter zu täuschen.
Die gleiche friedfertige Fahrt zwischen den portugiesischen Fischern an der Küste entlang. Der Wind ist gleichmäßig und kommt von achtern. PASSIM läuft vor dem Wind zu den Azoren, die man im Norden läßt, und dann zu den Kanaren. Der Kommandant sucht dann den Passat und reitet auf dem hohen Seegang in Richtung Brasilien. Auf der alten Segelschiffsroute, die von modernen Schiffen nicht mehr benutzt wird, gibt es keine ärgerlichen Begegnungen. Die Besatzung ist vollständig erneuert, mit Ausnahme von Gaden, aber sie ist wieder aus alten Sportseglern zusammengestellt. Für den Skipper stellt das keine Probleme. PASSIM loggt regelmäßig seine 120 Meilen pro Tag, Segelmanöver sind fast überflüssig. Die Fahrt ist so schön, wie sie nur sein kann, wie im tiefsten Frieden. Es gibt Fliegende Fische und Delphine. Es wird geangelt. Man legt die großen Schildkröten, die man in ihrem Schlaf überrascht hat, auf den Rücken an Deck. Man nimmt Sonnenbäder. Die Männer werden brauner als die alten Piraten der Karibik. Man liest, man spielt ein wenig. Garbers träumt seinen Traum, ein Mann des Ozeans zu sein, weiter. Immer zwingender erscheint ihm die Kontinuität zwischen seiner Einhandüberquerung des Nordatlantiks und seinen geheimen Fahrten über den Südatlantik zu sein. Allein die Erinnerung an

Berlin quält ihn. Dieses trunkene Gefühl von Freiheit, das ihm das Meer schenkt, ist in dem Augenblick vorbei, in dem Friedrich Pilsen, der Funker, im Radio die schlechten Nachrichten auffängt: Am 6. Juni sind die englischen und amerikanischen Streitkräfte auf dem Festland gelandet. Wenn es ihnen gelingt, die Atlantikhäfen zu erobern, hat PASSIM keine Möglichkeit mehr, zurückzukommen. Natürlich stellt sich das Problem noch nicht, aber es bildet doch im Filigran der Zukunft einen drohenden Schatten.

700 Meilen vor der argentinischen Küste fängt Friedrich Pilsen die Sendungen der in Buenos Aires operierenden deutschen Agenten auf. Sie haben keine Schwierigkeiten. Die Republik Argentinien ist überaus deutschfreundlich und will den Agenten der Abwehr nicht in die Quere kommen. Man deckt sie nicht gerade, aber man verfolgt sie auch nicht.

„Rufen Sie den Stützpunkt und geben Sie das Verzeichnis der frischen Lebensmittel durch, die wir für die Rückreise an Bord nehmen", befiehlt Garbers seinem Funker-Rudergänger und gibt ihm ein paar Zettel ... „Ich habe zusätzliche Rationen vorgesehen."

PASSIM wird in Punta Mogades zwei Agenten absetzen, aber drei an Bord nehmen, deren Position unhaltbar geworden ist. A hat sich internieren lassen, nachdem er die Maschinenanlage seines Frachters WINDHUK, der gemäß den Regeln des Kriegsrechts ausgeliefert werden sollte, unbrauchbar gemacht hat. Er ist geflüchtet, und da die argentinische Polizei nicht gut umhin kann, ihn zu suchen, wenn auch noch so lässig, möchte er nach Deutschland zurück. B und C sind vom britischen Geheimdienst enttarnt und daher auf diesem Kriegsschauplatz unbrauchbar geworden. Sie sollen in Berlin neue Anweisungen erhalten.

„Vergessen Sie nicht, auch gleich die Lastwagen zu bestellen!" fügt Garbers hinzu. „Zwei Lastwagen von je fünf Tonnen."

Das letzte Unternehmen der PASSIM erfolgt mit der bisher größten Effektivität. Diesmal segelt die Yacht in Kriegszeiten zum sportlichen Vergnügen von Garbers und seiner Besatzung, erledigt das Kommen und Gehen von Abwehragenten mit der Selbstverständlichkeit einer Linienschiffahrt und transportiert als Frachter auch noch eine Ladung, die die deutsche Spionage finanzieren soll. Darüber hinaus segelt sie im Dienste der Reichsbank, Abteilung Banknotenemission, wenn auch für einen nicht ganz regulären Zweig ...

„Geben Sie ihnen auch unser letztes Erkennungssignal durch. Am 11. Juli mittags zwei rote Signalsterne vor der vereinbarten Küste. Antwort: 2 + 3, mit fünf Sekunden Intervall dazwischen."

*

Passim trug alle Leinwand und machte mit bestem Wind schnaubende Fahrt nach Süden. Zur vorgesehenen Zeit stand das Boot am Rendezvous bei Punta Mogades. Es blieb noch einige Zeit draußen, wobei es einige Schläge hin und her machte, wie ein Vogel, der vor dem Landen den ins Auge gefaßten Punkt genau prüft, dann näherte es sich der Küste, gab die Erkennungssignale ab und erhielt die richtige Antwort. Eine Falle war nicht zu befürchten. Der Kommandant konnte sogar im Glas die Umrisse der Lastwagen erkennen, die hinter dem Strand parkten. Er sagte zu seinem Rudergänger: „Ich will kein Risiko beim Ausschiffen unserer wertvollen Ladung eingehen. Der Weg, den unsere Schlauchboote machen müssen, soll so kurz wie möglich sein. Wir werden sehr dicht unter der Küste, auf sechs Meter Tiefe, ankern."
Etwas Dünung, die vom Ufer reflektiert wurde, stand vor dem nach Süden verlaufenden gelben Sandstrand, aber es war eine Brandung, die überhaupt nicht mit der Brandung über der Barre zu vergleichen war, die vor der brasilianischen Küste beinahe zum Verlust der Passim geführt hätte. Und dennoch...
Garbers hatte noch einmal aufmerksam das Seehandbuch gelesen, das seinen Landfall beschrieb, aber er besaß keinerlei Seekarte großen Maßstabs, aus der ein guter Ankerplatz zu ersehen gewesen wäre. Passim tastete sich vorsichtig unter Motor voran. Friedrich Pilsen stand am Ruder und wiederholte für sich selbst die Tiefen, die der Lotgast im Bug laufend aussang: „Zehn Meter! ... Neun Meter! ... Acht Meter ..."
Der Meeresboden stieg ganz allmählich zur Küste hin an, die inzwischen sehr nahe war. Der Kommandant war froh, daß die drei Schlauchboote nur eine ganz kurze Überfahrt haben würden. Plötzlich war vom Bug zu hören:
„Zwei Meter!"
Die Zahl wirkte wie ein Gewehrschuß. Das Ruderkommando kam als Echo:
„Hart über!"

Es war zu spät, um noch zu drehen. Ein leichtes Zittern lief durch die Verbände des Bootes, das sich jetzt abwechselnd nach Steuerbord und Backbord überlegte, je nach den Willen, die unter ihm durchliefen.

„Himmelherrgottsakra!" fluchte Garbers.

Sie waren auf einer Sandbank gestrandet, die vor der Küste lag und vor und hinter sich tiefes Wasser hatte, wie der Kommandant feststellen konnte, als er von einem Schlauchboot aus loten ließ. Sechs bis zehn Meter Wasser waren jenseits der Barre vor der Küste. Dorthin mußte man also, über die Barre – oder zurück durch Rückwärtsgehen mit der Maschine.

Nach seinem ersten Wutausbruch sah Garbers die Lage sehr viel weniger ernst an als vor der brasilianischen Küste vor einigen Monaten. Zunächst einmal war er vor einer neutralen Küste und konnte sich Zeit lassen. Er hatte noch zwei Stunden bis zum Hochwasser, das Passim, die nur ganz leicht festsaß, freikommen lassen würde. Es genügte wahrscheinlich, einfach abzuwarten. Aber er entschied sich anders. Die großen Seen, die in einem Abstand von vielleicht 200 Meter heranrollten und die Elbseglern, die an die Wellen im Mündungsgebiet gewöhnt waren, gewaltig erscheinen mußten, schoben ihn wie mit einer Riesenfaust auf das Ufer zu. Jedesmal gewann er ein paar Meter ...

Sofort nach dem Auflaufen hatte der Kommandant einen Stockanker fallen lassen, um nicht weiter an Land getrieben zu werden, aber die 19-mm-Kette brach wie ein Bindfaden. Der Verlust des Ankers war ein Fingerzeig. Man mußte vorausgehen und nicht sich festhalten, da man jetzt ja wußte, daß ein tiefes Fahrwasser das Boot erwartete. Man ließ also einen zweiten Anker am Bug fallen, um sich mit dem Spill freizuholen, aber wieder brach die Kette, und auch dieser Anker war verloren. Nach einer Stunde Arbeit, in der die Männer sich mit ihren kleinen Schlauchbooten und mit Hilfe der steigenden Flut voranarbeiteten, war Passim endlich frei und schwamm wieder in tiefem Wasser.

„Mit den Ketten ankern", befahl Garbers.

Sie hatten ihre Anker verloren, aber sie besaßen noch eine Menge Kette. Auf nicht allzu tiefem Wasser genügte die Kette, um Passim zu halten, angesichts der mächtigen, aber gutmütigen Dünung, die ihr die Freiheit geschenkt hatte.

Garbers stieß einen Seufzer der Erleichterung aus, wischte den Schweiß von der Stirn und ließ das Löschen beginnen. Zuerst stiegen die beiden Agenten aus, dann wurde die Ladung ausgeladen, die an Land sofort aus den Schlauchbooten gehoben und auf den Lastwagen verstaut wurde. Ganz zum Schluß kam der rundum verschweißte Stahlkoffer aus der Führerkanzlei.
Garbers schloß aus der Sorgfalt, mit der er empfangen und in einem großen Buick verstaut wurde, der sofort darauf losbrauste, daß er sehr wertvoll sein mußte. Wertvoll in welchem Sinn? Garbers hielt sich nicht lange mit vagen Spekulationen auf, sondern verbannte die Sache aus seinen Gedanken. Wahrscheinlich hatte der dicke Göring einen Teil seiner Schätze ins Ausland geschafft! Auch die Lastwagen entfernten sich jetzt über die Wüstenpiste in Richtung Mar del Plata, um von dort schließlich die Hauptstadt zu erreichen.
Am Strand blieben nunmehr drei Deutsche, die in die Heimat zurückkehren wollten. Sie hatten voller Angst den Kampf PASSIMS gegen die Sandbarre, die sie gefangenhielt, verfolgt und ihre Chancen der Flucht an der Dünung gemessen: Ihre Hoffnungen waren abwechselnd so hoch wie die Wellenkämme, um dann wieder jäh zu sinken wie in ein tiefes Wellental.
An Bord wurden sie mit großer Freundlichkeit empfangen und erhielten als erstes drei Flaschen deutsches Bier, die sie anstelle der faden Nachahmungen, die sie bisher trinken mußten, zu schätzen wußten.
„Auf den Führer!" rief X ...
„Auf den Endsieg!" fuhr X + 1 fort.
„Auf die deutsche Kriegsmarine!" sagte der Zweite der Windhuk.
„Auf das weite Meer!" schloß Garbers. „Möge es uns helfen, nach Hause zu kommen."
Immerhin war Garbers noch nicht am Ende seiner Prüfungen. Ohne Karte hatte er keine Ahnung, wie die Sandbänke vor dieser weit offenen, flachen Küste verliefen. Er mußte daher eine Durchfahrt in das freie Meer finden, um ein zweites Auflaufen zu vermeiden, das leicht weniger gut ausgehen konnte, wenn der Wind auffrischen sollte und die See höher wurde.
Garbers braucht dazu den ganzen Tag. Er läuft mit langsamer Fahrt unter Motor, jederzeit klar, das Getriebe umzusteuern und die Fahrt abzustoppen, wenn die Lotung vom Bug es erforderlich ma-

chen würde. Er hat Glück. Bei Anbruch der Dämmerung ist er auf offenem Wasser, das vertraute Kommando ertönt:
„Heiß auf überall!"
Passim läuft vor einer guten Brise, die das Boot von der Küste entfernt, nach Osten. Bald ist sie außer Sicht der Küste, die sie so gefährlich nah berührte, ohne gesehen worden zu sein, wie es sich für ein Geisterschiff gehört, das keine Spur hinter sich zurücklassen darf.

*

Am nächsten Morgen sieht der Kommandant, der an Deck kommt, um Pilsen abzulösen, die drei Agenten am Bug, wie sie eifrig nach allen Seiten Ausschau halten.
„Haben Sie was gesichtet?" fragt er lächelnd. „Delphine oder einen Wal?"
„Nein, nein, wir versuchen nur als erste das Sehrohr von dem U-Boot auszumachen!"
„U-Boot?... Was für ein U-Boot?"
„Das U-Boot natürlich, das auf uns wartet. Können Sie uns die Länge und Breite des Treffpunktes verraten? Wann wird das sein?"
„Ich verstehe nicht", murmelt Garbers. „Um was für ein U-Boot handelt es sich?"
„Nun, das Boot, das uns nach Deutschland zurückbringen soll, natürlich. Sie treffen es doch!"
Garbers ist verblüfft. Er weiß einen Augenblick nicht, was er sagen soll. Dann lacht er laut und tritt mit seinen schweren Seestiefeln auf das Deck von Passim.
„Hier ist Ihr U-Boot! Ich bringe Sie nach Hause!"
Jetzt sind die Agenten sprachlos. Sie erbleichen.
„Den Atlantik mit so einem kleinen Boot überqueren? Sie machen wohl Spaß?"
Diese Männer sind keine Angsthasen. Sie haben allerlei riskiert, die Internierung, vielleicht den Tod an einem englischen Galgen. Sie sind mit dem Fallschirm über feindlichem Gebiet abgesprungen, sie haben Ozeane überquert, allerdings auf Schiffen, die auf Grund ihrer Größe und ihrer Maschinenkraft Vertrauen einflößten. Sie wissen viel, nur eines nicht: was ein Segelschiff von 30 Tonnen schaffen kann, wenn es stark genug gebaut ist und von einer erfahre-

nen Besatzung gefahren wird. Sie wissen nicht, wohin vor Angst, und beratschlagen bis zum folgenden Tage, während Garbers seiner Besatzung die morgendliche Unterhaltung erzählt und ein ungeheures Gelächter erntet, das von dem Entkorken einer größeren Zahl von Flaschen guten deutschen Bieres gefolgt wird.
Am folgenden Tage klopfen die Agenten beim Kommandanten an, und der Sprecher erklärt feierlich:
„Herr Kapitän, wir möchten nach Argentinien zurück und dort auf eine bessere Repatriierungsmöglichkeit warten! Könnten Sie zurücklaufen und uns möglichst nahe bei Mar del Plata absetzen?"
Garbers hat Mühe, sich zu beherrschen. Er antwortet:
„Meine Herren, ich habe Befehle. Ich bin auf diesem Schiff der Kommandant. Wir werden nicht umdrehen. Sie dürfen nach Argentinien zurück, aber nur schwimmend. Wenn Sie dagegen Deutschland wiedersehen wollen, bleiben Sie besser hier!"
Dann setzt er sie vor die Tür und läßt seinem Zorn freien Lauf. So etwas! Er hat den halben Krieg damit verbracht, mit KYLOE und PASSIM im Nord- und Südatlantik herumzufahren, von Europa nach Südafrika, nach Angola, nach Brasilien, nach Argentinien, und das alles nach Fahrplan wie ein 40 000-Tonnen-Schiff, nur um sich von diesen drei Idioten beleidigen zu lassen!
Schon kam ein Pampero auf, ein Sturmwind, der in abgerissenen Böen von Land her weht wie der Mistral im Mittelmeer. Sehr bald mußten die Segel geborgen, das Sturmsegel gesetzt, mußte beigedreht werden. PASSIM machte sich daran, mit gewohnter Gutmütigkeit die Wellen zu nehmen, aber die Weite ihrer Sätze unterbrach das Konzil der drei Passagiere, die sich über die Aussichten unterhalten hatten, auf einem so winzigen Schiff Europa je zu erreichen. Die Seekrankheit bestätigte ihre Befürchtungen und nagelte sie drei Tage lang in ihren Kojen fest. Sie kamen resigniert, aber immer noch nicht überzeugt daraus hervor. Garbers hatte schließlich Mitleid mit ihren Ängsten und sagte ihnen täglich: „Macht euch nichts draus! Zerbrecht euch nicht den Kopf! Ich bringe euch schon wieder heil nach Hause!"
Den ganzen September über segelte PASSIM gegen den Nordostpassat an. Man sah kein einziges Schiff. Alle, die unter englisch-amerikanischem Schutz fuhren, liefen in Geleitzügen auf der kürzesten Dampferroute, und die, die es noch wagten, allein zu fahren, sei

es aus Notwendigkeit oder schlechtem Gewissen heraus, drehten auf der Stelle ab, wenn sie einen Schornstein oder ein Segel am Horizont entdeckten.

PASSIM schien besonders zum Geisterschiff berufen zu sein, anders als SOIZIC, ANNI BRAZ BIHEM und KYLOE, denn sie bewältigte ihre Rückkehr in nahezu völligem Frieden. Das einzige, das Unruhe schaffte, war ein rotes Licht, das auf der Höhe von Madeira aufleuchtete und wieder erlöschte.

Sobald Garbers in den von den portugiesischen Fischern befahrenen Gewässern angelangt war, zündete er seine Positionslaternen an und steuerte vor einem schönen Südwestwind, als plötzlich gegen 2.00 Uhr morgens rechts voraus ein rotes Licht aufblitzte. Er ließ Friedrich Pilsen an Deck kommen, denn dieser beherrschte die Morsezeichen besser als er und die anderen Besatzungsmitglieder.
„Was bedeutet das?"
„Er macht NFU."
„Und?"
Das Signalbuch verrät, daß NFU heißt: Südliche Begrenzung.
„Wir sind also an der südlichen Begrenzung eines verbotenen Gebietes?"
„Ruf die Besatzung, wir gehen über Stag."
PASSIM geht über Stag. Das Nachtglas macht jetzt im Kielwasser einen Zerstörer sichtbar, der immer noch NFU morst.
„Dieser Idiot sieht nicht, daß unser Boot voll armer Fischer ihm den Arsch zeigt!"
Doch die Kursänderung ist zu offensichtlich, als daß er es nicht bemerken könnte. Er löscht seinen Signalscheinwerfer. Uff!
„Ich überlasse dir das Ruder. Du läufst bis zum Tagesanbruch SO. Danach wird man sehen", befiehlt Garbers.
Dann sucht er seine Kabine auf und ertränkt seine Erregung in einem ordentlichen Schluck Whisky. Mit Tagesanbruch ist das Meer leer. Der Atlantik sieht wieder so aus wie im Frieden. Wieder segelt PASSIM wie zum Vergnügen. Nur nicht sein Kommandant. Seit zwei Monaten verfolgt er am Radio das Hin und Her der Schlacht in der Normandie. Sorgenvoll fragt er sich, wo, wie und wann er jetzt, wo die Alliierten die Atlantikhäfen besetzt haben, in Europa an Land kommen soll.

Garbers hört die englischen Sender, die bereits das Ende des Dritten Reiches besingen. Er hängt seinen Tagträumen nach. Es gibt realisierbare Möglichkeiten, Passim und ihre Besatzung vor der Gefangennahme oder der Internierung in einem neutralen Lande zu bewahren. An Bord sind noch Lebensmittel für fast ein Jahr. Sie geben dem Geisterschiff eine enorme Seeausdauer. Er braucht nur zu wenden, den La Plata anzusteuern, in die Magellanstraße einzulaufen, sich durch den Barbarakanal zu stehlen und im Inselgewirr Feuerlands zu verschwinden, wo ihn nie jemand finden wird. Der Kommandant hat in Deutschland den Kapitän Pagel getroffen, der ihm seine Geheimnisse überlassen hat.

1914 lebte in Punta Arenas ein gewisser Pagel, ein Deutsch-Chilene, der sein Leben damit verbrachte, die Kanäle zu durchforschen, die die Hunderte von Inseln zwischen San Diego und dem Pazifik im Norden von Kap Hoorn voneinander trennen. Diese Inseln, die auf den einzigen damals existierenden Karten, den der englischen Admiralität, recht unzureichend dargestellt waren, boten Schiffen paradoxerweise uneinnehmbare Ankerplätze, aus dem einfachen Grunde, weil einige unter ihnen gar nicht existierten! Pagel und die letzten Kanu-Indianer, die Alakaluf und Jagan, waren die einzigen Menschen der Welt, die das feuerländische Inselgewirr wirklich kannten.

In der Nacht vom 17. auf den 18. Dezember 1914 war der Kreuzer Dresden, das einzige überlebende Schiff des Geschwaders des Admirals Graf Spee nach der Schlacht bei den Falklandinseln, wo es mit einer weit überlegenen englischen Streitmacht zusammengestoßen war, vor Punta Arenas erschienen. Sein Kommandant, Kapitänleutnant Lüdecke, wußte von Pagel und seinem Geheimnis. Er ließ ihn von einem Boot abholen und nahm ihn an Bord. Pagel nahm das Ruder der Dresden. Statt aber der Magellanstraße zu folgen, um im Pazifik herauszukommen, wo der Kreuzer von englischen Kriegsschiffen bereits erwartet wurde, verschwand das deutsche Schiff mit Kurs Süd. Pagel steuerte den schweren Kreuzer in einen Kanal, den jeder vernünftige Kapitän kaum mit einer Yacht zu befahren gewagt hätte. Dann verankerte er Dresden südlich der großen Insel Santa Agnes in einer Bucht, in der sie niemand finden konnte, einfach aus dem Grunde, weil an der Stelle dieser Bucht auf allen Karten Land war! Die Engländer suchten zwei Monate lang mit großem

Aufwand und hätten sie wahrscheinlich nie gefunden, wenn der Kommandant nicht wegen der Moral der Besatzung, der schwierigen Versorgungslage, des ewigen schlechten Wetters und der erzwungenen Untätigkeit sich nicht entschlossen hätte, sein Versteck zu verlassen und in den Südpazifik zu gehen, um dort Kreuzerkrieg zu führen.

Bei Ausbruch des Zweiten Weltkrieges hatte man Pagel zurückgeholt, damit er seine Erfahrungen an die Kommandanten weitergeben konnte. Er führte dabei aus, daß jede Katastrophe, wie z. B. die Schlacht bei den Falkland-Inseln, überwunden werden kann.

Heinrich Garbers hatte ihn getroffen und besaß die geheime Karte vom feuerländischen Archipel, die die Engländer immer noch nicht hatten!

Er brauchte gar nicht einmal so weit nach Süden zu gehen. Er konnte sich auch auf eine niemals angelaufene Insel im Südatlantik retten, die im portugiesischen Besitz war und nur noch von Ziegen bevölkert wurde. Hier konnte er Jahre aushalten, denn schließlich hatten hier einmal Menschen gelebt[*]. Er segelte jetzt in den portugiesischen Fischereigebieten und hing diesen Träumen von Freiheit nach, einer Freiheit, die darin bestand, fern von allen Menschen und nahe beim Meer zu leben, als die Abwehr in einem Funkspruch den neuen Anlaufort mitteilte: „Wenn unmöglich, die besetzten französischen Häfen anzulaufen, nach Vigo gehen, Boot internieren lassen, nach Deutschland durch diplomatische Vermittlung zurückkehren."

Garbers lehnt sich dagegen auf. Seine Gedanken sind vollkommen verschieden von den Vorstellungen der Geheimdienste. Er hat durch seine phantastischen Fahrten PASSIM eine Seele eingehaucht. Zwischen ihm und dem Boot gibt es eine enge Verbundenheit. Wie könnte er das Schiff, das die Erinnerungen an tausenderlei Anstrengungen, Opfer und Risiken unauslöschlich in sich trägt, fremden Händen übergeben? Ein Schiff, durch das er trotz des Krieges, oder vielleicht gerade durch ihn, die glorreiche Geschichte der Segelschiffahrt um ein neues Kapitel erweitert hat!

Draußen auf See ist Nacht. Um den Kajüttisch sitzen eng geschart die fünf Mann der Besatzung und ihr Kapitän. PASSIM steuert sich allein, am Wind mit dichten Schoten. Garbers verkündet langsam:

---

[*] Zweifellos Trindade.

„Ich habe Befehl, das Schiff den Spaniern in Vigo zu übergeben. Ich werde sagen, daß unser Empfänger kaputt war und daß wir den Funkspruch nicht bekommen haben, wenn ich in Berlin meine Meldung über die Reise mache. Ich möchte direkt nach Deutschland zurücklaufen. Wir werden im Norden von Schottland und Island, also durch die Dänemarkstraße segeln. Was haltet ihr davon?"
Seine Sportkameraden halten davon überhaupt nichts. Um Island herum, jetzt beim Einbruch des Winters? ... In das Nordmeer gehen, das von den alliierten Flottenstreitkräften beherrscht wird? ... Das alles, um ein Boot in Sicherheit zu bringen, das nur einen ganz geringen Wert hat? ... Der Kommandant spinnt. Oder will er den Untergang des Dritten Reichs nicht erleben? ... Die Besatzung stellt sich wie ein Mann gegen den Kommandanten.
Die Diskussion dauert vierundzwanzig Stunden. Am Ergebnis ändert sich nichts. Das Unternehmen ist erfolgreich abgeschlossen. Warum soll man das Risiko eingehen, in die Hand der Feinde zu fallen, wenn man durch Aufgabe des Bootes die Freiheit bewahren kann?
Der Kommandant beugt sich der Mehrheit.
Vor dem Einlaufen in Vigo muß PASSIM äußerlich so hergerichtet werden, daß es glaubwürdig erscheint, daß ein halbes Dutzend Deutsche, die in Argentinien gelebt haben, mit der Yacht in ihre Heimat zurückkehren wollten. Zunächst werden alle Papiere vernichtet, die dem Boot den Status eines Kriegsschiffes geben, dann die Soldbücher, die jedes Besatzungsmitglied besitzt, um gegebenenfalls nach der Genfer Konvention behandelt zu werden. Als das geschehen ist, geht man an das Boot selbst. Das MG, die glücklicherweise nie gebrauchten Handgranaten, die Gewehre, alles geht über Bord. Es bleiben noch die drei Agenten, die nicht auf diesem Wege zurück wollen. Sie haben sich im übrigen längst eingewöhnt und davon überzeugt, daß man auf einem kleinen Segelboot durchaus in völliger Sicherheit von Amerika nach Europa fahren kann. Sie haben sogar die wunderbare Zeit im Passat genossen und bedauern nicht, daß sie gesegelt sind, statt in der Enge eines U-Boots eingesperrt gewesen zu sein.
100 Seemeilen von Vigo entfernt nähert sich PASSIM daher der Küste. Zwei Schlauchboote werden zu Wasser gebracht und die kompromittierenden Passagiere ausgeschifft. Garbers weiß genau,

daß die englischen Spione sofort ihre Identität herausbekommen würden, wenn er so unvorsichtig wäre, sie in einem Hafen auszuschiffen. Die Tarnung wäre in weniger als vierundzwanzig Stunden wertlos.

Am folgenden Tage läuft PASSIM unter argentinischer Flagge in Vigo ein. Am Mast weht der Stander des La Plata Yacht Clubs. Erwartungsgemäß ist die Elite der englischen Spione eine Stunde nach dem Festmachen zur Stelle. Nicht nur das Boot, sondern jedes Mitglied der Besatzung wird fotografiert. Der Kampf auf See ist zu Ende. Nun beginnt der Kampf zu Lande, nun wird der unsinnige Bürgerkrieg zwischen den Brüdern ein und derselben Rasse fortgesetzt, die ein ebenso törichter wie künstlich erzeugter Haß voneinander trennt.

*

Garbers meldet sich in der Hafenkommandantur und spielt die vorher festgelegte Rolle. Er und seine Kameraden sind harmlose Zivilisten, die keine Lust hatten, das Kriegsende in Argentinien zu erwarten. Da es unmöglich war, Europa auf einem Passagierschiff zu erreichen, haben sie die Gelegenheit benutzt, die der La Plata Yacht Club ihnen bot, als er ihnen die Yacht zur Verfügung stellte. Sie hatten den Wunsch, das Boot nunmehr auf Reede außer Dienst zu stellen und nach Deutschland zu fliegen. Der Kapitänleutnant der Franco-Marine, der wie viele Marineoffiziere deutschfreundlich war, versprach, das Boot an einem sicheren Platz zu verankern*.

Heinrich Garbers glaubt die Partie schon gewonnen, als die Schlacht der Konsulate beginnt. Der deutsche Konsul in Vigo stützt natürlich die These seines Landsmanns, während der englische Konsul lebhaft protestiert, daß die Besatzung, die ganz offensichtlich der Kriegsmarine angehöre, in Freiheit belassen wird. Da die beiden Konsulate in ein und demselben Gebäude wohnen, wird der diplomatische Kampf immer hitziger.

Er dauerte sechs Wochen. An jedem Morgen begab sich Garbers zur Hafenkommandantur, um sich zu melden, und kehrte von dort an Bord zurück. Auf seinen Fersen folgten die englischen Geheim-

---

* Es ist nicht gelungen, das Schicksal von PASSIM nach dem Krieg aufzuklären.

agenten, die nach Beweisen seiner Eigenschaft als deutscher Offizier suchen sollten. Der Draht zwischen Vigo und London wurde heiß, aber die Besatzung hütete sich, eine Unvorsichtigkeit zu begehen, die dem Feind eine Waffe in die Hand geben konnte.

An jedem Morgen traf der deutsche Kapitän den spanischen Kapitänleutnant, bei dem er sich gemeldet hatte, und es entspann sich der immer gleiche Dialog:

„Immer noch unter Bordarrest?" fragte Garbers.

„Lo siento mucho, capitan!" antwortete der Spanier.

„Ich bin genauso betrübt wie Sie", antwortete Garbers höflich.

„Aber wann können wir nach Deutschland reisen?"

„Mañana!"

Mañana... Morgen... Pasado mañana... Übermorgen. Geschickt verschoben die Spanier das, was sie am gleichen Tage noch tun konnten, auf übermorgen. In dem Match, das sich die beiden Konsule lieferten, siegt schließlich der deutsche. Garbers meldet sich zum letzten Male beim Hafenkommandanten. Der Spanier lächelt ihn freundlicher denn je an, schüttelt ihm die Hand und sagt, er hätte zwar seine Geschichte entgegengenommen, aber natürlich kein einziges Wort davon geglaubt!

Eisenbahnfahrt nach Madrid. Friedliche und arme Gegenden. Dann das Plaza-Hotel und wieder Geheimagenten. Der sich dem Ende zuneigende Herbst hüllt die Hauptstadt in eine wunderbare weiche Schönheit ein. Das liegt an dem ausgewaschenen Himmel, dem dikken Teppich goldfarbener Blätter, die die Gärten des Prado bedecken, aber man weiß, daß es nur wenige von der Natur begünstigte Augenblicke sind zwischen der Glut des Sommers und dem eisigen Winter, der von den Höhen der Sierras auf die Stadt niederfallen wird...

Alle Hindernisse scheinen aus dem Wege der PASSIM-Besatzung beiseite geräumt zu sein. Sie kann sich in Spanien frei bewegen. Ein wenig Tourismus verlängert die Segelfahrt. Sie genießen ihn, als eines Morgens Garbers und seine Besatzung, die in dem kleinen Hotel, das sie gewählt hatten, friedlich frühstücken, im Lautsprecher den Wehrmachtsbericht aus Berlin hören. Wie ein Blitz schlagen die Worte ein: „... Im Namen des Führers hat Großadmiral Dönitz dem Leutnant Heinrich Garbers das Ritterkreuz zum Eisernen Kreuz verliehen!"

Kommentar des neuen Ritterkreuzträgers:
„Diese Idioten quasseln oder sagen gar nichts, aber immer zur falschen Zeit!"
Eine Stunde später hält ein Wagen der Botschaft vor dem Hotel. Der Held der Meere, der nunmehr in Madrid höchst unerwünscht geworden ist, wird zum Flughafen gebracht und in eine viermotorige Kondor gesetzt, die ihn noch am gleichen Tag nach Berlin bringt.

*

Als der Wagen, der ihn abholte, das Flughafengelände von Tempelhof verließ, fiel die Dämmerung über die Stadt. Man fuhr zunächst zum Hotel Adlon, das hinter dicken Sandsacklagen kaum zu sehen war. Aber die Autoritäten, die Garbers gerufen hatten, waren nicht dort. Sie fuhren weiter, die Straße Unter den Linden hinauf. Die Fassaden zeigten ihre gähnenden Fensterhöhlen, das Pflaster war von Bombeneinschlägen aufgerissen. So weit das Auge reichte, gab es nur Paläste, denen die Eingeweide fehlten, riesige Gebäude, von denen nichts übriggeblieben war als ein Skelett geschwärzter Mauern, Säulen, die auf die Gehwege gestürzt waren. Hier und dort hatten die Brandbomben Portale mit neuen, kunstvollen Skulpturen versehen, und die Sprengbomben hatten bizarre Architekturen entworfen.
Jede Ruine war etwas Besonderes. Es war, als ob Generationen von Künstlern und Baumeistern tätig gewesen wären, als wenn die Zeit die Meisterwerke mit ihrer Patina überzogen hätte, als wenn die unentbehrliche Erosion durch den Wind, das Wasser des Himmels und die Tränen der betenden Frauen daran genagt hätten ...
In kaum fünf Jahren hatte Berlin die Großartigkeit eines Persepolis der Achämeniden gewonnen. Hier waren die Triumphe Roms, die Verschwörungen von Florenz, das Unglück, das Karthago befallen hatte. Es war von großer Schönheit, aber einer Schönheit, die nicht von dieser Welt ist. Heinrich Garbers indessen verstand nicht die Bedeutung zu ermessen, denn er gehörte nicht zu den Ideologen des Nationalsozialismus. Er hatte nie einen anderen Gott gehabt als Poseidon.
Der Wagen schlug die Richtung nach Fürstenwalde ein. Die Dämmerung legte sich mit größter Behutsamkeit auf Berlin, als ob alles Elend dieser Welt sich in diese letzten Minuten des Tages geflüchtet

hätte. Nun gab es nur noch die Dunkelheit, um sich der entsetzlichen Not Berlins zu erbarmen.
Fürstenwalde war von den Bomben verschont geblieben. Es schien eine grüne Insel im braunroten Ozean der Ruinen zu sein. Der Fahrer hielt vor dem Gatter, das eine protzige Villa auf einer von schwarzen Tannen gesäumten Lichtung beschützte. Man führte ihn in ein Zimmer, in dem ein Schweigen herrschte wie in einer Gruft. Er hatte keine Ahnung, daß er sich im Herzen der Geheimdienste des Dritten Reichs befand, die nach dem Attentat vom 20. Juli umgeformt waren und statt dem als Verräter am Führer erachteten Admiral Canaris jetzt Kaltenbrunner unterstanden.
Man kam, um Garbers in das Arbeitszimmer Kaltenbrunners zu führen. Mehrere Offiziere der Kriegsmarine und der Waffen-SS waren anwesend. Kaltenbrunner erhob sich, öffnete ein Etui, nahm das Ritterkreuz heraus und legte das Band um den Hals des Seefahrers. Dann schlug er die Hacken zusammen, streckte den Arm aus, knickte ihn zusammen und ließ sich im Sessel nieder, wobei er sagte:
„Heinrich Garbers, der Führer hat persönlich Ihre Berichte gelesen. Er bewundert Sie. Er hat mir gesagt: ‚Das sind Männer nach meinem Geschmack, die in den Kämpfen an Land und den Stürmen des Ozeans geformt sind, sie werden die Zukunft Europas sichern.'"
Ein Diener in weißer Jacke brachte ein Tablett mit einer Flasche französischen Kognaks. Der SS-Obergruppenführer Schellenberg brachte einen Toast auf den Führer aus und wandte sich Garbers zu.
„Sind Sie in der SA?"
„Nein, Obergruppenführer."
Dann forderte ihn Kaltenbrunner auf, seine Kriegsfahrten kurz zusammenzufassen. Alle Anwesenden hörten aufmerksam zu.
„Also", schloß der neue Chef der Abwehr, „ein kleines Segelboot, das gut getarnt ist wie Ihres, könnte eine hochgestellte Persönlichkeit an jeden beliebigen Punkt der Erde bringen, ohne vom Feind bemerkt zu werden?"
„Jawohl..."
Welchen Dienstrang sollte er diesem Kaltenbrunner geben, der eine Parteiuniform trug, deren Abzeichen ihm nicht geläufig waren. Er beendete seinen Satz: „Jawohl, Herr... – Mit etwas Glück, ja."
Schellenberg schien entsetzt zu sein von soviel Ignoranz, aber er ver-

kniff sich eine Bemerkung. Schließlich trug er nicht, wie dieser Seemann, das Ritterkreuz.
Kaltenbrunner dachte immer noch nach und spielte dabei mit einem Brieföffner, der auf der ledernen Schreibtischmappe lag.
„Und dieses kleine Segelboot könnte zum Beispiel auch in einen geheimen Stützpunkt einlaufen, der nur durch einen engen Kanal erreichbar ist?"
„Jawohl, wenn es eine Hilfsmaschine hat."
„Danke, Leutnant. Das ist alles."
Die Unterhaltung schien beendet. Garbers wartete darauf, daß man ihn hinausführte, als Schellenberg wieder damit anfing. Er fragte:
„Wo stehen Sie politisch?"
Garbers war ein wenig verblüfft von dieser unerwarteten Frage. Aber er hatte nicht die Absicht, diesen hohen Würdenträger um den Bart zu gehen. Er antwortete daher ehrlich:
„Nirgendwo, Obergruppenführer... Wissen Sie, ich bin in erster Linie ein Sportsmann. Ich segele. Das ist meine einzige Passion. Sie sagen mir, wo ich hinfahren soll, und ich fahre dahin. Ohne Fragen zu stellen!"
Schellenberg verzog das Gesicht. Kaltenbrunner bemerkte es. Er zeigte auf den Kommandanten der Passim und sagte:
„Für uns ist so ein Mann mindestens ein Obersturmführer!"
Schellenberg wandte sich Garbers zu.
„Hiermit sind Sie Obersturmführer in der allgemeinen SS."
Er drückte Garbers lange die Hand, bevor er ihm erlaubte, sich zurückzuziehen.
Zum dritten Male an diesem Tag heulten die Sirenen Luftalarm. Lange Streifen grüner Seide huschten über den Himmel. Die Flak auf den Türmen des Zoobunkers bellte ohrenbetäubend los. Fast gleichzeitig schlugen die ersten Bomben ein, weit entfernt von Fürstenwalde. Die Straße zitterte. Schließlich erschienen die Luftschutzwarte mit ihren Stahlhelmen. Es waren Männer höheren Alters, die den Rittern ähnelten, welche im Mittelalter Wache hielten und die ersehnten Worte der angstvollen Nächte psalmodierten:
„... Einwohner von Berlin! Kehrt zurück in eure Häuser!"
„Denn dies ist die Stunde, zu der die Tore geschlossen und die Herdfeuer gelöscht werden..."
Heinrich Garbers lauschte dem Wind, der sich über Berlin erhob,

dieser Geisterstadt, die sich anschickte, zu einer langen Fahrt abzulegen, von der die Städte und die Menschen nicht zurückkehren. Er wollte sich auf der Flucht aus dieser Stadt beeilen, denn er wollte den Urlaub ausnutzen, den man ihm gewährt hatte.

*

Einen Monat später war er in Rendsburg, um einen alten Lotsenkutter mit gewohnter Sorgfalt auszurüsten, die PRINZ ADALBERT. Diesmal sollte er zur Mündung des Orinoko, um eine neue Gruppe von Agenten abzusetzen! Sie traf am 30. Januar 1945 an Bord ein, fast gleichzeitig mit dem Fernschreiben, das das Unternehmen absagte. Im Osten, Westen und Süden standen die Fronten in Flammen. Die deutschen Städte fielen eine nach der anderen in Trümmer. Es schien nicht mehr sehr sinnvoll zu sein, Funkstationen auf dem amerikanischen Kontinent zu errichten; sie konnten einer in Zukunft sowieso verbotenen Weltpolitik nicht mehr dienen. Die Seekriegsleitung gab Garbers daher das Kommando über ein Küstenmotorschiff von 300 Tonnen, das er in Amsterdam in Dienst stellte. Er sollte versuchen, von Hoek van Holland aus das eingeschlossene Dünkirchen mit Nachschub zu beliefern. Unmöglich! Gegen den Willen von Garbers, der erklärte, er wolle um jeden Preis in See gehen, ließ der Kapitän Brandis die Sache durch Dönitz persönlich annullieren.

Als Dönitz sich an das deutsche Volk wandte und den Tod Hitlers bekanntgab, eine Erklärung, die von den esoterischen Klängen der dritten Symphonie Bruckners eingerahmt wurde, befand sich Garbers immer noch in Amsterdam. Zwei Tage nach der Kapitulation stürmte ein bis an die Zähne bewaffneter Trupp von Anglo-Kanadiern seinen Kümo.

Die Engländer nahmen ihm zunächst seine Uhr weg, dann die Brieftasche und schließlich sein Ölzeug. Die Kanadier schlugen ihn mit Knüppeln zusammen und warfen ihn gefesselt in einen Jeep. Er fand sich im Gefängnis in Rotterdam wieder. Die Zelle war nackt, feucht und eiskalt. Vierzehn Tage lang ernährte man ihn schlechter als einen ausgesetzten Hund mit nichts als Kartoffelschalen. Garbers fragte sich, was ihm diese Sonderbehandlung eingebracht hatte. Aber seine Person war nicht der Grund. Er duldete nur den kollektiven Mordversuch, den die Alliierten allen angedeihen ließen, die

sie mit hohen Auszeichnungen der Wehrmacht oder SS-Runen gefangengenommen hatten. Sie alle wurden in Gefängnisse und Lager gesperrt und systematisch ausgehungert. Schließlich erschien ein Agent des Intelligence Service bei ihm, und man behandelte ihn nicht länger wie ein Stück Vieh. Das Verhör begann.
„Welche Art von Schiff haben Sie befehligt?"
Heinrich Garbers besaß Sinn für Humor. Er antwortete:
„Ein Wetterschiff im Nordatlantik!"
Der Engländer zuckte mit den Schultern.
„Sie dürfen uns nicht für dumm verkaufen. Sie haben ein U-Boot für die Abwehr kommandiert. 1943 haben Sie Agenten an der Westküste von Südafrika abgesetzt. 1944 . . ."
Garbers konnte nicht mehr leugnen. Der Intelligence Service wußte alles, selbst die Namen der Agenten, die nacheinander auf PASSIM eingeschifft gewesen waren.
„Das ist richtig", gab er zu. „Aber ich war nur derjenige, der mit meinem kleinen Segelboot den Transport durchgeführt hat. Sie wissen mehr über die Abwehrleute als ich. Ich wollte nichts wissen, als daß sie Heinrich, Jim, Fred oder Gonzalez hießen. Das ist alles."
„Sie haben kein Segelschiff geführt, sondern ein U-Boot! Kein Segelboot könnte unserer Überwachung entgangen sein, wenn es nach Afrika oder Südamerika bestimmt war. Außerdem kann man mit einem Segelboot von 30 Tonnen nicht sechs Monate in See bleiben, ohne einen Hafen anzulaufen oder auf See versorgt zu werden, wie Sie behaupten."
„Es ist trotzdem genauso, wie ich gesagt habe."
„Machen Sie einen schriftlichen Bericht."
„Wozu, wenn Sie doch alles wissen?"
„Wir wissen alles, nur nicht die Nummer des U-Bootes, das Sie geführt haben. Geben Sie uns die Nummer, und ich lasse Sie frei."
Ein paar Wochen später nimmt ihn ein englischer Offizier wahr und setzt ihn in ein Flugzeug, das nach London bestimmt ist. Das Flugzeug ist voll von höheren Offizieren. Ein amerikanischer Admiral gibt ihm seine Frühstücksration und betrachtet ihn dabei etwas bestürzt. Garbers denkt: Der hält mich auch für einen U-Boot-Kommandanten, der Hitler, Eva Braun und Bormann an Bord hatte! Er denkt wohl, man will mich als Kriegsverbrecher vor Gericht stellen! Was für eine Ehre!"

Garbers findet sich in einem Irrenhaus, das zum Teil zu einem Gefängnis umgewandelt worden ist, wieder. Die Verhöre gehen weiter.

„Welches war die Nummer Ihres U-Boots?"

„Was wissen Sie von den neuen U-Booten, die im April 1945 einsatzfähig geworden sind?"

„Sie wollen uns nur bluffen, wenn Sie uns ihre Geschichten von Kreuzfahrten unter Segeln erzählen."

„Was Sie sagen, ist samt und sonders erfunden."

„Sie halten sich wohl für den Kapitän Slocum? Sie vergessen bloß: Er hat die Welt umsegelt, aber im Frieden!"

„Wie wollen Sie aus Arcachon herausgekommen sein, ohne von unserer Luftaufklärung gesehen zu werden?"

„Was ist aus Ihrem U-Boot geworden?"

Immer das U-Boot, drei Jahre im Kielwasser von PASSIM und immer auf den Fersen ihres Kommandanten, vom Irrenhaus in ein Kriegsgefangenenlager, von Wales nach Schottland. Diese Kreuzfahrt dauert sechs Monate. Und nie geben die Engländer zu, daß es möglich gewesen sein kann, Agenten an so fernen Küsten mit Seglern von weniger als 40 Tonnen abzusetzen. Und vielleicht würden auch die letzten noch lebenden Zeugen jener Zeit heute noch nicht glauben, daß von den vielen seitdem durchgeführten ungewöhnlichen seglerischen Unternehmungen irgendeine diejenigen von KYLOE und PASSIM übertroffen hat.

Der Mangel an Einbildungskraft bei den Engländern ermöglichte den Geisterschiffen unter Segeln ihre Immunität. Keines wäre durch die englischen Sperren gekommen, wenn die Engländer auch nur im entferntesten ihre wahre Natur geahnt hätten. Schließlich wurde man der Sache überdrüssig und schickte den Gefangenen nach Deutschland zurück.

*

Als Garbers an der Elbe ankam, ging er langsam zum Ufer, dorthin, wo er seine eigene Yacht WINDSPIEL III verankert hatte, als er sie 1939 außer Dienst stellte. Er hatte nicht die leiseste Hoffnung, sein Schiff noch anzutreffen.

Ein feuchter Schleier vor seinen Augen ließ ihn schlecht sehen. Denn da erwartete ihn das Boot, korrekt an seiner Boje festgemacht, heil und unversehrt. Und es war kein Geisterschiff!